スサノオと行く

瀬織津姫、謎解きの旅

荒川祐二

カバーデザイン	三宅理子
イラスト	AYUMI
作家プロデュース	山本時嗣

この物語はスピリチュアルな物語ではなく、

『瀬織津姫』という伝説の女神を巡る

人と神の歴史の物語である。

瀬織津姫とは？

神道の「大祓詞（おおはらえのことば）」に登場する祓戸四神（はらえどよんしん）の一柱で、祓い清めの女神とされている。
古事記や日本書紀には登場しない。

水の神や、滝の神、川の神、龍神の元祖、九州以南では海の神ともいわれ、あるときは天照大神（アマテラスオオミカミ）の荒御魂（あらみたま）ともいわれ、ある古文書ではその天照大神の皇后、あるときは桜の女神、七夕伝説の織姫の化身、月の女神、かぐや姫のモデルといわれるなど、その存在は深い謎に包まれている。

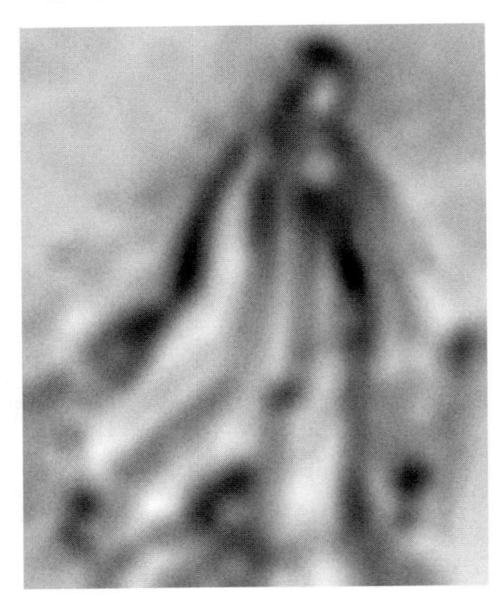

はじめに

皆様はじめましての方も、そうでない方も、こんにちは。

皆様の人生で不思議なことが、起きたことなどありますでしょうか？

僕にはありました。

それは 2017 年 4 月 28 日。

本を出しても売れない。

次の作品のアイディアのために、細々と古事記や日本の神さまのことに関するブログを書いていても、1 日のアクセスが 50 ～ 100 もない。

そんなうだつの上がらない作家だった僕のもとに、ある日『強力な神さま』がやってきたのです。

その神さまは、いきなり僕の家に現れるなり、

不躾（ぶしつけ）にこう言いました。

わい!

自分のことを「イケメン爆発」と称する、その神の名は「スサノオノミコト」。

そう、あの最高神アマテラス、月読（ツクヨミ）と並んで「伝説の三貴神（さんきしん）」と呼ばれる神が、本物か偽物か分かりませんが、突如として僕の家にやってきて、棲みついたのです。

そこから始まったスサノオさんとの日々は、奇跡、奇跡、また奇跡の連続でした。

スサノオさんの教えに従い、それを実践する日々をブログに書き続けると、みるみるうちにブログのアクセスが急上昇。１日せいぜい100だったアクセスが、数か月で月間100万を超すまでになりました。

そしてその勢いに乗って、昨年夏に、古事記ゆかりの神さまたちを巡った物語が前作『神さまと友達になる旅』です。

この物語は、その前作に続く、日本の神さまを巡る旅の第二弾。『瀬織津姫』という、謎多き伝説の女神を巡る旅です。

人と神の歴史が交錯する、時空を超えた旅を、どうぞお楽しみください。

荒川祐二

この旅の登場人物（神）

荒川祐二

この本の著者であり、物語の主人公。職業作家だが、出す本、出す本すべてがまったく売れず、出版社さんから『もう君の本は出せない』と戦力外通告までされる。そんな中出会った、『スサノオ』を名乗る神との出会いによって人生が大激変。2017 年夏、スサノオに教えられてきた神々の実際の姿や、古事記に登場する神々の実際の姿を求めて、『神さまと友達になる旅』を開始。

スサノオ

突如荒川祐二の家に棲みついた。日本の神話（古事記）上での怪物ヤマタノオロチを倒した『伝説の三貴神』。自分のことを『イケメン爆発』と自称し、一見ワガママで口うるさくて、子どもっぽくて雑でありながらも、所々に深い『愛』や『優しさ』を感じさせる部分を持つ。神話上では、『英雄』、『大海原の神』、『成長する神』として記されているが、この旅でその正体が明らかになる…？

龍神小春

スサノオさんと出会って日々を過ごす中で、『龍神のパワースポット』江ノ島に行った時についてきた龍神の赤ちゃん。荒川祐二の魂の成長に連動して、成長していくという変わった龍神。

目次

第1話　旅の始まり

前作『神さまと友達になる旅』を終えてからも、すっかり神社まみれな日常の私。

今日も今日とて、神社を巡る。果たして、その場所は…？

関西有数のパワースポットと呼ばれている、奈良県は十津川村の「玉置（たまき）神社」。

標高1000メートル超の山の上に鎮座するこの神社は、そのアクセスの困難さ（大阪から車で片道4時間以上!!）から一説では、「呼ばれた人しか行けない神社」とも言われている。

（荒川祐二 以下**あ**）　まぁ前回の旅で、長距離運転は慣れたとはいえ、それにしても遠いっすね
（スサノオ　以下**ス**）　せやな（笑）。ただよく言われることやけど、やっぱり人がなかなか行きにくい場所というのは、神々の純度も高まりやすいからな

あ　純度？

ス　まぁ要は、その「場」の力から来る「空気のきれいさ」やわな。やっぱり観光地化したり、人が溢れるようになったりすると、その場の空気のなかにさまざまな人の念が入ってくるから、自然由来が多い日本の神々からすると、やっぱりそっちのほうが不自然な状態やからな

あ　なるほどね〜〜

そんなこんなをいいながら到着した、こちら玉置神社。

あ　こちらのご祭神は…？

ス　主祭神は、「クニノトコタチノカミ」。古事記でいうと、造化三神の後に現れた神さまやわな

あ　あの、現れてからすぐに消えたっていう？

ス　そうそう

あ　お知り合い？

ス　知り合えるか（笑）。前も一回いったことあるけど、アマテラスをはじめとする「天つ神（あまつかみ＝天の神）」がいて、その上にはさらに、造化三神をはじめとした「別

天つ神（あまかみ）」がいる。この「別天つ神」は、俺たち神ですら姿は見えない

あ　マジ？

ス　マジ

あ　じゃあその「別天つ神」さんは、どこにいるの？

ス　宇宙…とはいわれてるな

あ　はえーーー。なにかスケールが大きいね〜。ちなみにじゃあ、ここの主祭神の「クニノトコタチノカミ」さんは、なんの神さまになるわけ？

ス　表記にもよるけど、「国底立尊」。要は「国の底＝大地」、この世に大地が生まれた時に現れた神といわれてるな

あ　それはまた壮大な…

そうして僕らは鳥居を潜り、境内へ。

ス　まぁなんでもええねんけどさ…。相変わらずお前は、日本の神の物語を書いていて…

あ　？

ス　なんで懲りずに、またアメリカのＴシャツやねん

あ　あ…（笑）

ス　まぁよくいえば、お前の中で無意識にバランス取ってるんかもせーへんから、ええとは思うけど（笑）

あ　そ、そうなんですかね（笑）。朝早かったんで、急いで選んだ服でしたけど（笑）

ス　あくまでよくいえば、やぞ（笑）。いつもいってるみたいに、神さま事に悪い方向でのめり込みすぎると、まず見た目から変わりはじめるからな

あ　和服着て、全身パワーストーンじゃらじゃら、頭に輪っか、勾玉（まがたま）じゃらじゃらとか？

ス　まぁそういうことやわな。どんどん世間から離れていく。

もしくは自分が、神になろうとする。それは決してよいことではない

そんな無駄話をしながらも、僕らは本殿で参拝。

あ　別天つ神さん…ここに現れてくれるわけ…ないですよね…

ス　…お前次第や

あ　そうなんですか？

ス　確かに俺たち神々ですら、姿を見ることはできない。ただ俺を通して、声を聞こうと思えばできる。古事記のなかでもオオクニヌシが、別天つ神である「タカミムスヒノカミ」と話してるからな

あ　お声を聞くために…僕はなにをすれば…？

ス　それは、お前の精神性次第。前の旅で、造化三神を祀っている東京大神宮に行った時は、そのレベルにすらまったく達していなかった。今回「日本の神を巡る旅」を終えて、お前がどう変わってるかや

あ　そういわれると緊張しまっせ

ス　基本的に俺が神としてお前に届ける言葉や知識も、すべてお前の人間的成長によると思え。そういう意味で、お前の精神性が高ければ高いほど、より高いレベルのことも教えてあげられるし、見える世界も広げてあげられる。けど、もしお前が低いレベルで満足するようなら、その程度のことしか教えられないし、その程度の世界しか見せてやれない

あ　…それは、僕というフィルターを通して、スサノオさん始め、神さまが現れているから？

ス　そういうことや。まぁとにかく「クニノトコタチ」が言葉を聞かせるために、出て来てくれるかどうかも、お前次第。緊張しながら待っとけ

あ　…はい…（ドキドキ）

…。

……。

………。

…………。

ス　よかったな

あ　？

ス　出て来てくれるみたいやで

あ　マジ？

スサノオさんのその言葉を合図に、さっきの晴れていた空気から一変、玉置神社の境内に、見る見るうちに霧が溢れ出した。（本当に）

あ　え？　ちょ？　マジッ⁉　こ、こんなことってあるんですか⁉
ス　黙って見とけ。人の尺度と神の尺度を一緒にするな
…すると、
本当にあっという間に、玉置神社の境内すべてが霧に包まれた。

あ　…本当に…こんなことってあるんだ…
僕が呆然（ぼうぜん）としていたその時、立ち込める霧のなかから、深く重厚な声が聞こえてきた…。

？　…われはクニノトコタチ…。この大地を司るもの…

ス　クニノトコタチさま。おひさしぶりです。スサノオです

クニノトコタチ　スサノオ…？　おぉ、あのやんちゃ坊主…

ス　恐縮です

クニノトコタチ　して…、今日はなんの用だ？

ス　いえ、ただのご挨拶でございます。この日本でも有数の地に鎮まる、あなたの魂に少しでも触れたかった。この横にいる人間とともに

スサノオさんが突然、僕のほうに話を振ると、見えないながらも確かに、こちらに「なにか」の意識が向いたのがわかった。

…そして…？

クニノトコタチ　…なんで…アメリカ…？

あ　もう僕、この服着るのやめます…（泣）

ス　お前、別天つ神にも服装突っ込まれるって（笑）

あ　…もうヤダ…

クニノトコタチ　用がないのであれば、去ろう。この地を存分に楽しんで行けばいい

そうして気配が去っていきそうになった、その時…？

ス　お前、ダメもとでなんか聞いてみぃ

あ　え!? そんな、マジ!?

ス　なんでもいいから聞いてみろ。ダメもとや

あ　え⁉　えーと、えっと！　あ、あの…⁉
クニノトコタチ　……？
あ　こ、この場所が「選ばれた人間」しか来れないというのは、本当なのでしょうか⁉

咄嗟（とっさ）に、僕が思いついたその質問についての、答えは…？

クニノトコタチ　……。…そんなことはない…。「選別」という概念は、いつのときも人間が定めたものでしかない。われわれ神々の、別天つ神、天つ神、国つ神という言葉ですらただの役割であり、決して選別ではない。神々に、そんな意識はない
あ　そ、そうですか…。す、すいません…。変なことを聞いて…
クニノトコタチ　きたければくるがよい。きたくなければ、きなければよい
あ＆ス　（着たくなければ…って、アメリカの服のことじゃないよな…。「ここに来るか来ないか」ってことだよな…）
クニノトコタチ　すべては、その人間それぞれの心持ちに応じて、われわれが、運命（さだめ）を与えるだけ。すべては己の心次第。そのことを忘れるな
あ　は、はい…！　あ、ありがとうございます…！
クニノトコタチ　この地に鎮まる神は、私だけではない。表にばかり目を向けぬように…

そういって、「別天つ神 クニノトコタチノカミ」は去っていった。

…。

……。

………。

…………。

あ　最後の言葉は、どういう意味なんですかね？

ス　さぁ、なんやろな…。神々は俺みたいに、みんながみんな、ストレートにいってくれるわけではないからな…

あ　「この地に鎮まる神は、私だけではない」…、「表にばかり目を向けぬように」…、って、ここにほかの重要な神さまがいるってことですよね？

ス　そうやろう。おそらく昔はここの祭神やったけど、なんらかの理由で外されたとか、な

あ　封印されていたイワナガヒメやタケミナカタさん、みたいな話ですね…

ス　そうかもな。ただ悪いけど俺たち神も、全部が全部手取り足取り教えてあげられるわけじゃないからな

あ　はい…。僕がもう少し知識と経験値をつければ、わかるときが来るのでしょうか…

ス　そうやとええな

そうして僕らが帰路に就いている、その途中のことだった。おそらく地元の方だろう。ほかの方をガイドしている声が聞

こえてきた。

「ここにはご祭神として記されてはいませんが、ある女神さまが祀(まつ)られています。その名は…、「瀬織津姫」といわれています」

あ　瀬織津姫…？

小さなこの疑問から、僕らの次なる旅が始まった。

□■□■□

今回登場した神社の紹介

玉置神社

所在地：奈良県吉野郡十津川村玉置川 1

交通アクセス：大阪方面から車で、阪和自動車道・美原 JCT →南阪奈道路・葛城 IC →五條経由→ R168（美原 JCT より約 3 時間）

近鉄大和八木駅から路線バスで 250 分（近鉄大和八木駅発 JR 新宮方面行）

□■□■□

第２話　新たなる伝説の始まり

「瀬織津姫」。

その新たな神の名前は、僕の心に新たな疑問を生じさせた。

今まで何度か、名前は聞いたことはあるけれど、一体どんな神さまなのか？

それを知りたくなった僕らは大阪南部は千早赤阪村にある、瀬織津姫が祀られているという建水分神社に向けて、車を走らせていた。

水と山の美しさで有名なこの地から、僕らの旅は始まる。

ス　休むヒマなしとは、このことやな
あ　いや、本当に（笑）。これだけ毎日神社を回っていると、ネタも尽きそうなものですけどね。全然尽きることがない
ス　まぁ成長とはそういうものや。進めば進むほど、新しい

知識や経験がインプットされ、インプットすればするほど、新しい世界が次から次へと見えてくる。そしてそれが神の導きでもある

あ　そうなんですか？　まぁ確かに前回の旅に引き続いて、こうして新しい展開が生まれるのは、普通じゃないと思ってますけど

ス　そういう縁を、俺をはじめ色んな神々がつないどるということや。今回でいえばおそらく…

あ　？

ス　「瀬織津姫」がな

あ　……

そうして大阪の中心部から、車で約１時間（玉置神社に比べたら、遥かに近い）。僕らは、瀬織津姫を祀っているという、「建水分神社」に到着した。

あ　…すいません。すごく失礼なことをいっていいですか？

ス　お前は喋（しゃべ）るだけで失礼を生み出す「失礼製造マシーン」

やけど。なんや？

あ　僕、実は瀬織津姫のこと、ほとんどといっていいほど知らないんです

ス　…やろうな。まぁそもそも瀬織津姫は、古事記や日本書紀に登場する神ではない

あ　…ですよね。でも、僕も名前はなん度も聞いたことがあるし…。一部では圧倒的な人気を誇る神さまみたいですし…

ス　前の旅でも登場した諏訪のタケミナカタと同じ、当時の権力者たちが封印しても、しきれへんかった神ってことやな

あ　…なぜ？

ス　なぜ封印する必要があったのかって？　神を封印する必要がある理由というのは、大概の場合、当時の権力者たちにとって都合がよくない神だったから、ということや

あ　………

『神さまと友達になる旅』を終えたばかり。

それにも関わらず、また大きな流れに足を踏み入れそうになっている人生の不思議を思いながら、瀬織津姫が鎮まる本殿で参拝をする。

ペコリ、ペコリ、パンパン、ペコリ。
（二礼二拍手一礼）

あ　…さっそく瀬織津姫が出てこられるとも…思ってはいませんでしたが…。やっぱり無理そうですね…

ス　まぁお前が話をできる神の基準をあらためていっておくと、当然お前がそもそもの知識として知らない神については、会うことはできない

あ　…まぁそりゃそうですよね…。誰かも知らずに会おうとするなんて、失礼な話ですし…

ス　いつもいってるけど、知らんことには神との共鳴のしようもないからな。急に聞くけど、剣神アメノオハバリの息子神といえば？

あ　タケミカヅチさん

ス　正解。弁財天と同一視されている神の名は？

あ　宗像三女神のイチキシマヒメ

ス　正解。このようにお前がちゃんと知ってさえいれば、そ

の神の波長に、お前の波長を合わせて、共鳴しやすくなる。そうすると、会って話ができる確率が高まる。逆に知りもしなければ、それもできないという話よ。最後の質問。「伝説の三貴神」の最後の一柱であり、超怪物ヤマタノオロチを見事に倒したイケメン爆発と天まで昇るカリスマ性の塊の神の名は？

あ　オオクニヌシさん

ボコンッ！
（スサノオさんが無言で僕の鎖骨を殴る）

あ　…っ‼（言葉にならない声）。ちょっ！　鎖骨はやめましょうって‼　折れる‼　折れるからっ‼
ス　神域で騒ぎ立てるな。まぁとにもかくにも、これが瀬織津姫を知る第一歩。また新しい旅が始まる、そんな気が俺はしてるよ

あ　（騒ぎ立てるなってあんたが殴ったんやないか…）そもそもここ（建水分神社）での瀬織津姫さんは、どんな神さまなんですか？
ス　この場所に於（お）いては、「祓戸の大神四神」としての一柱。要は、罪穢（つみけが）れを祓い清める神として、祀られてるけど、まぁ本来のあり方ではないわな
あ　瀬織津姫さんには、ほかにはどんな伝承が？
ス　まぁめちゃくちゃざっくりいうとやけど、今は水の神、

祓いの神、海の神程度の伝承に留まってるけど。縄文時代の日本全国で、圧倒的な数を誇った神社の祭神であるといわれている。古代は祀られている神社の数が、神威の大きさと同義やったからな。それに加えて、月の神であり七夕伝説の織姫といわれ、またアマテラスの荒魂でもあり、龍神の始まりといわれ、この八百万の神々すべての始まりの神でもあるという

あ　…なんですか、それ…。すごすぎるんですけど…。僕が知っている古事記をはじめとした神さまの物語とは、ある意味違う物語なんですね…

ス　まぁいつもいってるけど、俺たち神々は、人間のなかで数多ある説に対する検証も答えも出すつもりはない。ただその神のありのままの姿を映し出し、そこにある思いを汲み取るだけ。それをどう判断するかはその人それぞれにお任せしたらいい。俺たちの旅はいつだって、これを読んでくれている皆さんの思考の礎のためにある。だから俺たちはこれから、瀬織津姫というものがどういう神で、今なにを思い、なにを感じ、このときを過ごしているのか。それを知る旅に出る

あ　………

『神さまと友達になる旅』を終え、次に始まった未来は、『スサノオと行く瀬織津姫、謎解きの旅』。

今僕はまだ、「瀬織津姫」のことをなにも知らない。

再び始まるこの旅の先に、どんな物語が待っているのか。

神々が用意するご縁は、次に僕をどこに連れていこうとしているのか。

前回の賑（にぎ）やかな旅の始まりとは違う、どこか静けさともの悲しさが漂う旅の始まり。

歴史の闇に葬り去られたとも言われている女神、瀬織津姫の姿を追う、『スサノオと行く瀬織津姫、謎解きの旅』が今始まる。

本殿での参拝を終え、本殿からの階段を降りているその時、どこからともなく、「ありがとう」という小さな声が聞こえてきたような気がした。

□■□■□

今回登場した神社の紹介

建水分神社

所在地：大阪府南河内郡千早赤阪村水分 357

交通アクセス：近鉄長野線　富田林駅下車、金剛バス（~20分）水分停留所（徒歩 1 分）または水分神社口停留所（徒歩 0 分）

□■□■□

第３話　瀬織津姫が封印された時

今日僕らは瀬織津姫が祀られているといわれている、東京は多摩市にある「小野神社」に来ていた。

ペコリ、ペコリ、パンパン、ペコリ。
(二礼二拍手一礼)

あ　…やはり、…まだ現れてくれませんね…
ス　そもそもお前自身がまだ知識不足すぎるからな。だってお前、瀬織津姫の前に、この主祭神「天乃下春命（アメノシタハルノミコト）」とか、まったく知らんやろ？

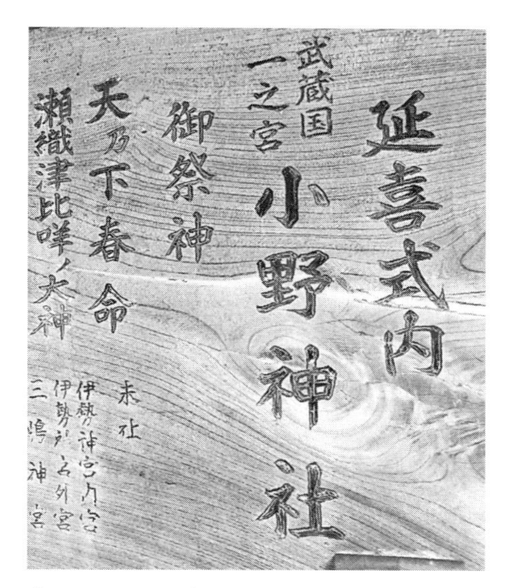

あ　1ミリも知らん

ス　まぁだからまずは古事記だけが、日本の神の物語ではないということを知らなあかんわな。「天乃下春命」は、「先代旧事本紀(せんだいくじほんぎ)」と呼ばれるもうひとつの神話に登場する神で、開拓や学問の神とされている。知恵の神「オモイカネ」の息子であるという説もあるな

※オモイカネ

あ　…まったく知らん話

ス　そういう表には出ていない神の歴史を知らんことには、瀬織津姫の本当の姿は見えてこない

あ　…なるほど…。巷でよく言われているように、瀬織津姫の封印を解くといっても、一筋縄ではいかなさそうですね…

ス　そうやな。ちなみに、神々を封印する方法って知ってるか？

あ　封印する方法？　結界を張り巡らしたりとか？

ス　それもそう。あともうひとつ大きな封印の仕方がある

あ　…なんでしょう…？

ス　それはな…

ス　レッテルを貼ることやねん

あ　レッテル？

ス　まぁ要は、真実とは違う概念を植えつけるということやわな。君ら人間でもあるやろ？「噂話（うわさ）」や「ゴシップ」っ

てやつよ。真実の姿は違ったとしても、テレビやインターネットを通してみたら、まるでその誤った情報が真実のように思われて、実際に人々の意識のなかで、その誤った情報が真実になり替わってしまう

あ　確かに…この現代でも多々ありますね…。なんなら日常生活にでも…

ス　諏訪のタケミナカタにしてもそう。古事記のなかではあいつは、「国譲り」の時に雷神タケミカヅチにボコボコにされて、出雲から諏訪の地に逃げ込んだとされている。しかしこの前の旅でタケミカヅチがいっていた話も、実際にタケミナカタの声を聞いたお前の感覚も違ったやろ？

あ　確かに…そうですね…。実際に感覚に触れれば、「強すぎたがゆえに、封印せざるを得なかった神」というのがよくわかりますけど…。それを知らずに古事記だけを読めば、タケミナカタさんはいつまでも、「ボコボコにされて逃げ込んだ神」のまま…

ス　そして、それが真実となり、人の心の間に広まりつづけ、その信仰心を削(そ)いでいく。どうや？　立派な封印やろ

あ　確かに…

ス　きっと今の俺たちには、そういった封印を解いていく役目があるんやと思うんやけど、じゃあ瀬織津姫はどういうふうに封印されたのか？って話やねん

あ　…どう…封印されたのでしょう…

ス　前回の話でもいったけど、瀬織津姫というのは縄文時代から、日本全国に圧倒的な数を祀られていた女神やった。

時の権力者たちは、その瀬織津姫に新しいレッテルを貼らなければいけなかった。その時選んだ、その方法は…？

あ　…？

ス　「祓いの神」という新しい役目に当てはめることやってん

あ　…確かに…。瀬織津姫さんは、少し調べても、ほとんどが「祓いの神」として祀られていますもんね

ス　まぁもう少し詳しくいうなら、「祓戸の大神四神のうちの一柱」ってな。出雲大社とかではそういうふうに祀られてるな

あ　…これが間違っていると…？

ス　いや、決して間違っているわけではない。当時の権力者たちも考えに考えたんやろうな。当時、日本全体から圧倒的な崇敬を集めていた瀬織津姫を、ただ悪いだけの神というレッテルを貼ってしまうと、その全国的な怒りと反発は目に余るものがある。それこそ暴動が起きる。だからこそ、最大限の敬意を残しながらも、徐々に徐々に時間をかけて、

新しい「祓いの神」としての概念を広めていった

あ　…なるほど…

ス　お前も一回は聞いたことがあると思うけど、毎年6月と12月の「大祓」の時に唱えられる祝詞（のりと）の、「大祓詞（おおはらえのことば）」。このなかにも「瀬織津姫」という言葉が登場するからな

あ　はい…

ス　この「大祓詞」に瀬織津姫は「祓いの神」として登場する。字面にすると少しむずかしいけど、読んでみよか

＊＊＊＊＊

■「大祓詞」（※一部抜粋）

高山の末（すゑ）、
短山（ひきやま）の末より、
佐久那太理（さくなだり）に
落瀧（おちたぎ）つ
速川（はやかは）の瀬に坐す
瀬織津姫といふ神、
大海原に持出（もちいで）なん。

＊＊＊＊＊

ス　簡単にいうと、山から勢いよく流れるように、罪穢れを祓い清める、その水の流れをつかさどる神の名が　せおりつひめ（瀬織津姫）」、という意味。な？　なにも知らずにこれだけ聞くと、なにも悪い神のイメージは持てへんやろ？　そうして時を経て、もうひとつの「瀬織津姫」がつ

くられていった

あ　そう…ですね…。巧妙というか、なんというか…

ス　いや、でも決して、時の権力者ばっかりを、悪者にしてはあかんねんで。さっきもいったとおり、当時日本中で愛されていた女神に対する、最大限の敬意を残した形での、新しい選択やってんから。それに今は今で、この形の瀬織津姫を愛している人もいる

あ　そっか…そうですよね…。決して歴史を否定してはいけない…

ス　まぁとにもかくにも、そうして瀬織津姫は今では、「祓いの神」として祀られていることが多いけど、それは完全な真実の姿ではない。その「真実の姿」を映し出して伝えていくことができるならば、瀬織津姫の封印も解けるやろう

あ　なんだか話がすごすぎて…

ス　そんな状況にきているということや。神はできない課題は与えない

あ　…はい…

「日本の神を巡る旅」につづく、「スサノオと伝説の女神を巡る旅」。そこには途方もなく壮大な物語の予感と、知られざる神々の歴史の裏側を感じ、僕は身震いをしてしまった。

次に僕らは、どこに向かうのか。伝説の女神を巡る旅は、つづいていく。

□■□■□

今回登場した神社の紹介

小野神社

所在地：東京都多摩市一の宮 1-18-8

交通アクセス：京王線 聖蹟桜ヶ丘駅より 徒歩６分

□■□■□

第４話　瀬織津姫が愛した神

「歴史の闇に葬り去られた女神 瀬織津姫」。その存在の謎に迫る、壮大な物語。

僕らは小野神社につづいて東京は府中市にある、瀬織津姫を祀る神社、「人見稲荷神社」に来ていた。

ス　おい

鳥居を潜る前に、スサノオさんが僕にいう。

あ　なんでしょう？
ス　お前の仕事はなんや？
あ　なんですか、急に？
ス　ええから答えろ
あ　作家です
ス　作家の仕事とはなんや？
あ　作家の仕事…。よい本を書くことですか？
ス　そうや。よい本を書くとはどういうことや？

あ　皆さんに喜んでもらえるもの、楽しんでもらえるものを書くということ？

ス　そう。もう少し厳密にいうならば、人の心に残る文章やメッセージを書くということ。それがいつもみたいに楽しいものであれ、笑えるものであれ、感動するものであれ、時に衝撃を覚えるようなものであれ、人の心に影響を与えるものを書くということや

あ　……。なにが言いたいのかよくわからないんですが…

ス　こういった物語を書き続けていて、一番うれしいことは？

あ　…なんですかね…。やっぱり「この物語に出会って、神さまを身近に感じられるようになりました」とか、「神さまのことを知って、神社に行くのが楽しくなりました」っていう、その人の心と現実の行動に影響を与えられたときですかね

ス　そう。その気持ちをいつまでも忘れずに。そのうえでお前に、これからの旅を進めていくうえで、あらためてこの言葉を伝えておく

あ　？

ス「神に答えはない」

あ　…いつもスサノオさんがいうことではありますけど、いまさら、なんでしょう？

ス　今伝えられている、神の知識のほとんどは、「古事記」を中心とした神の物語やろ。これから迎える瀬織津姫の物語は、それらの古事記を中心とした神の話とは一線を画し

た話やということを、わかっておかなければならない。この物語を俺たちがこれから伝えていくなかで、その情報をどう処理し、それぞれのなかでの「神」というものが、どういう答えに導かれるか。それはこれを見てくれている、皆さんによるという話

あ　……。それぐらい、これから知る神の歴史は、僕が今まで知ってきた話とは、違うということなんですね…

ス　そういうこと。そしてそれがまた全部正しいとも限らないし、俺たちがこれまで伝えてきたもの、これから伝えるものも、すべてが正しいとは限らない。それもこれも含めて、俺たちはただ見たもの、知ったもの、聞いたもの、感じたものを、ただ伝えて与えていくだけ。その先の「答え」は、これを見てくれている皆さん自身が、それぞれで判断していけばいい

あ　この旅が始まる前にいっていた…、「皆さんの思考の礎のために、僕らの旅はある」、…ということですね…

ス　そういうことや

…。

……。

………。

…………。

そんな話のなかに、「瀬織津姫」という謎に包まれた神の、途方もない物語の予感に心を震わせ、人見稲荷神社の鳥居を潜る。

決して大きくない境内には、凛(りん)とした空気が流れ、その空気がひと際、僕の心に緊張をもたらした。

そして本殿脇にある、瀬織津姫を祀る小さな社で参拝。
ペコリ、ペコリ、パンパン、ペコリ。
（二礼二拍手一礼）

あ　……。僕は…瀬織津姫さんには…会える日が来るんでしょうか…
ス　どうやろうな。こればっかりは縁やからな。人と人も縁。

人と神も縁。引き寄せ合わない限り、混じりあうことはない。ここに呼ばれている以上、縁がないことはないと思うけど

あ　…それはそうと、ひとつ気になることが…

ス　ん？

あ　ここの人見稲荷神社のご祭神も…、「天乃下春命（アメノシタハルノミコト）」さんなんですよね…。前の小野神社の主祭神と同じで…。瀬織津姫さんと、なにかつながりがあるのかな？

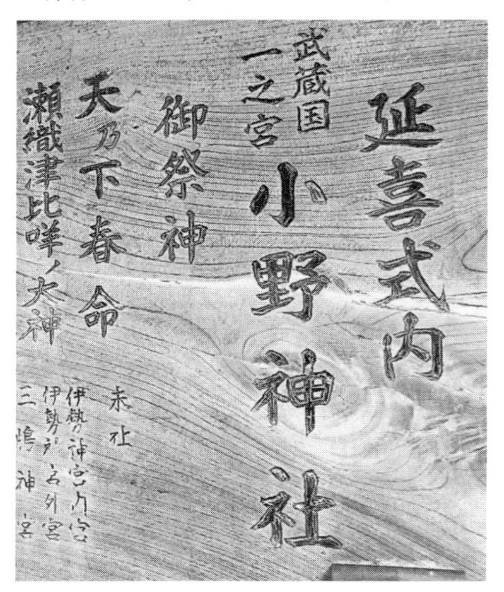

ス　あぁ、オモイカネの息子っていう…。っていっても、お前も知らんことには会いようもないしな…。…でも、ん？　会えるかもせーへん

あ　どうやって？

ス　父親のオモイカネを呼ぼうか。お前も前回の旅で会っているからあいつを通したらいけるかもせーへん

…。

……。

………。

…………。

…そして？

オモイカネ　祐二さん、スサノオさん、こんにちは

あ　オモイカネさん、こんにちは。すみません、お忙しいところ

オモイカネ　いえいえ、神に忙しいという概念はありませんから。どうされました？

ス　ちょっと今こいつとな、瀬織津姫を巡る旅に出てる。その手がかりが欲しいと思ってな

オモイカネ　瀬織津姫…ですか…。それはまた謎多き女神に…

ス　まぁ今はそういう役目らしいわ。それで神社をまわるなかで、お前の息子という神が、２回も連続で同時に瀬織津姫に祀られてるのがわかってな。なんとか取り次いでほしい

オモイカネ　「アメノシタハル」…ですね…。なかなか気むずかしい子ですが…。できないことはないので、わかりました…

…そうしてオモイカネさんが、本殿に向かって、なにか呼び掛けるような言葉を発すると、そこに…？

…。

……。

………。

…………。

人見稲荷神社のご祭神、「アメノシタハルノミコト」が現れ

た。

シタハル　…………

ス　なんやえらい物騒な姿やな（笑）。そんな睨みつけんでも、怖いもんちゃうぞ

シタハル　……なんの用だ……？

オモイカネ　シタハル!!　スサノオさまに対して、なんて態度だ!!

シタハル　…関係ない…。わが主はほかにいる…

オモイカネ　…スサノオさん、すみません…。失礼な息子で…

ス　いやいや、ええこっちゃ、ええこっちゃ。オモイカネ、少しこいつのことを俺たちに教えてくれや

オモイカネ　…「アメノシタハルノミコト」…。この辺りの地域の開拓の神とされていて、「ある神」の護衛、三二柱のうちの一柱として、天より降り下った…

あ　その「ある神」って…？

オモイカネ　…ニギハヤヒ…

あ　え…？

「ニギハヤヒ」。

その神の名を聞いて驚いた。

その神の名は瀬織津姫と並ぶほどの謎多き神として、今この

現代に伝えられている。僕ももちろん、聞いたことのある名だった。

その神の名がここで現れたことに、僕は驚いた。

運命の歯車は、僕らになにを訴えかけようとしているのか、思いがけない伝説と伝説が、ここでつながろうとしていた。

あ　…で、でもなんで…、ニギハヤヒさんの護衛の方が、瀬織津姫さんのところに？
シタハル　われは、ニギハヤヒさまの愛した女神、瀬織津姫さまを守りしもの…。それ以上でも、それ以下でもない…
あ　………
シタハル　神の歴史をなにも知らぬものが、立ち入ってよいことではない…。立ち去るがよい

…そういい残すと、アメノシタハルさんは姿を消してしまった。

謎がより大きな謎を呼ぶなか、僕らの心のなかに、ひとつの線が浮かび上がって来た。

あ　「ニギハヤヒ」さんを知ること…。それがきっと、瀬織津姫さんに、つながっていくことになるんでしょうね…
ス　「ニギハヤヒ」…か…。ますます、知られざる神の歴史

に足を踏み込むことになるな…

スサノオさんのその言葉を最後に、僕らの瀬織津姫と…、もう一柱の伝説の神「ニギハヤヒを巡る旅」が、つづいていく。

□■□■□

今回登場した神社の紹介

人見稲荷神社

所在地：東京都府中市若松町５丁目７－６

交通アクセス：京王線多磨霊園駅・東府中駅より徒歩15分

□■□■□

第5話　ニギハヤヒとはなにものか？

歴史の闇に葬られた伝説の女神、「瀬織津姫を巡る」旅は、必然の流れに導かれながら、1歩ずつ、1歩ずつでも、確実に進んでいた。

次に僕らが訪れたのは、ここ「箱根神社」。

調べていくなかで、知ったことだが、ここにも瀬織津姫とニギハヤヒに関する、重大な謎が隠されているという。

あ　それにしてもスサノオさん、僕ここの神社について、1つ疑問があるんですけど

ス　なんや？

あ　ここ箱根神社のご祭神って、「箱根大神」…じゃないですか。まぁ祭神のニニギノミコトさん、コノハナノサクヤ

ヒメさん、山幸彦さん、の三柱を総称して、「箱根大神」というのはわかります

ス　うん。それがどうした？

あ　なんで、箱根にアマテラスの孫である天孫ニニギさん？

ス　あぁ（笑）。それはニニギに聞いてみたら、いいんちゃうか（笑）。まぁでも神社の祭神には、歴史の謎が隠されているとはよくいうけどな…

あ　そうなんですか？

…ということで、僕らは再び境内までの階段を上り、本殿の前へ。

あ　山幸彦さんはまだお会いしてないから、出てくれないにしても、ニニギさんとコノハナノサクヤヒメさんは、前の旅でお会いしているから。…大丈夫かな？

そうして…？

ペコリ、ペコリ、パンパン、ペコリ。
(二礼二拍手一礼)

すると…？

ニニギ　やっほー！

「箱根神社」のご祭神、天孫ニニギ。

コノハナノサクヤヒメ　こ、こんにちは…

そして天孫ニニギの妻 コノハナノサクヤ姫が現れた。

あ　こんにちは。おひさしぶりです

ニニギ　あれ？　今日は、前回の旅でも着てたアメリカのＴシャツじゃないの？　あれ好きなのに（笑）

あ　あの服はもう着ないと心に決めました（真顔）

ス　（笑）…って、うぉい!!
一同　？
ス　ニニギ！　お前ちょっと待てっ!!
ニニギ　なんすか？
ス　お前のご利益、もう一回見せてみぃ!!
…。
……。
………。
…………。

あ&ス　か、「家内安全」やとぉぉぉぉ!?!?
ニニギ　な、なんすか!!　文句あるんすかっ!!
※天孫ニニギは古事記のなかで、妊娠したと告げてきた妻に対して、「それ、本当に俺の子ども？」というとんでもない発言をしています（笑）。

ス　嘘（うそ）つけ！　お前!!「家内崩壊」やろ!!
あ　むしろ、「離婚相談の神」とかのほうがいいんじゃ…
ニニギ　い、いい過ぎでしょっ!!　知るかそんなもん!!　後世の人間が勝手に当てはめたんでしょっ!!
サクヤヒメ　あ、あの…。伝承ばかりが目立ちますが、決してそんなに悪い方ではないんですよ…。よいところもたくさん…（苦笑）
ニニギ　あーもう騒がしい、騒がしい。お宅らといると、僕のペースが狂う。僕は「天孫」だぞ、「天孫」？　アマテラスの孫。この国の農業の礎をつくったのも僕、水だねを全国に持ち寄ったのも僕。今みんながなに不自由なく、食べ物を食べられるのは、「僕、僕、僕」のおかげなんだから

あ&ス　（グッ…。なんかムカつく…）

あ　ま、まぁそれはそうと!!　ニニギさんに聞きたいことがあるんですが!!

ニニギ　なんでしょ？

あ　コノハナノサクヤヒメさんがここ「箱根神社」のご祭神なのは、なんとなくわかります。神格のひとつである「火の神 コノハナノサクヤヒメ」として、箱根の大涌谷の噴火を鎮める神という役割もあったのでしょう。でも…

ニニギ　…？

あ　あなたは箱根に関係ないやん

ニニギ　な、何をいうっ⁉⁉

ス　ええぞー！　ハゲ頭—!!　もっといったれー!!　そして、もっとハゲろー!!

ニニギ　…グッ、まぁムカつきますけど、こういうこといわれるのは、もう慣れてますよ。別にここだけの話じゃないですし

あ　ここだけの話じゃない？

ニニギ　あぁ、全国的に諸々の事情や環境の変化で、祭神を入れ替えたりすることがあることは、もう知ってると思いますけど、そういうときに僕なんかが、一番当てはめやすいんでしょうね

あ　どういうことですか？

コノハナノサクヤヒメ　あ、私が口をはさんですみません…。私もそうなのですが、ニニギさまにしても、天の血筋に関

係していることと、また祭神としての神格やご利益が幅広い神は、祭神を入れ替える際などに、呼ばれることが多いのです

あ　…んん？　でもそもそもなんで、祭神の入れ替えをする必要が??

ニニギ　それは色んな事情にもよるさ。そんな深刻な問題じゃなくても、普通に新しいご利益を呼び込むためにすることもあるし、そこの祭神を封印するために、つかわれることもある

この旅での、大きなキーワード、「封印」。
その言葉が再び、僕らの前に現れる。

あ　そうですか…。でもその新しい祭神を迎える前の、祭神について調べるには、どうしたらいいんだろう？

ス　神社を深く見ていったら、その痕跡が残されていたりする。たとえば摂社、末社の祭神の関連と歴史を調べてみたりとか。別のまったく祭神の違う神社と大祭の日が同じ、とかな

あ　それはさすがに、ハードル高いっすね…。学者レベルの話じゃないっすか

ニニギ　でもここに関しては、教えてあげられるよ。まったく知らない神さまだったら無理だけど、僕に近い神さまだ

から

あ　マジ!?!?

ス　お前、そういうのは早くいったれよ（笑）

ニニギ　もったいぶってあげたほうが楽しいじゃん。ここに遥か昔に祀られていた祭神の一柱は、瀬織津姫。瀬織津姫は「水の神」。ここは湖。龍神とともに、当然瀬織津姫も祀られていたよ。っていうか、瀬織津姫自体が水の神だから、龍の力を持っているしね

あ　瀬織津姫…

ニニギ　そしてもう一柱は、ニギハヤヒ。僕の兄ちゃん

あ　兄ちゃん!?!?!?!?!?

ニニギ　…ん？　あれ？　知らなかったの？　僕、兄ちゃんいるの

あ　初耳すぎて…、衝撃すぎて…

ニニギ　まぁなにを知りたいのかよくわかんないけど、もう飽きたから、そんな感じ〜♪　じゃあねぇ、また遊ぼうね〜♪

ス　相変わらず、チャラい

コノハナノサクヤヒメ　すみません、あのような方で…（ペコペコ）

そういうと、天孫ニニギとコノハナノサクヤヒメは、去っていった。

瀬織津姫とニギハヤヒ。箱根の地で、かつて愛し合い、ともに祀られていたという、二神の影が浮かび上がり、同時にまた新たに、「ニギハヤヒ＝ニニギの兄」という、新たなキーワードが与えられた。

正直いって、今はますますわけがわからない。しかし、ゆっくりでも確実に、僕らの瀬織津姫とニギハヤヒの伝説を巡る旅は、つづいていく。

『スサノオと行く瀬織津姫、謎解きの旅』。…まだ旅の終わりとその答えはまったく見えない。

□■□■□

今回登場した神社の紹介

箱根神社

所在地：神奈川県足柄下郡箱根町元箱根80-1

交通アクセス：箱根湯本駅から伊豆箱根バスおよび箱根登山バス「元箱根・箱根町」行きで約40分、元箱根バス停で下車徒歩で10分

□■□■□

第６話　瀬織津姫…が…現れた…？

歴史の闇に葬られた女神「瀬織津姫を巡る旅」は、もう一柱の伝説の神「ニギハヤヒ」という、新たな存在を交えながら、ますます謎が謎を呼ぶ展開となっていた。
一体、瀬織津姫、ニギハヤヒとはどういった神なのか？

そこで僕らは一度、原点に立ち返ってみることにした。

あ　瀬織津姫…は、現在に伝わっている伝承としては、「祓いの神」もしくは「水の神」「滝の神」「龍神の元祖」…、とかが多いわけですよね

ス　せやな。それが前までの話では、「祓いの神」というのは、後世の人間たちが、瀬織津姫のでかすぎる神威を封印するために、新しく貼ったレッテル、っていう話まではした

あ　なるほど…。今現在の状態としては正直、瀬織津姫のこともロクに知らない状態で、また余計にわからないニギハヤヒさんという神さまが登場して、もうわけがわからなくなってるんですよね

ス　なら原点回帰すればいい。ええか？　物事に悩んだとき、迷ったときは、原点に立ち返る。これは基本やぞ

あ　原点…。そう考えると、「祓いの神」の瀬織津姫としてではなく、「水の神」「滝の神」「龍神の元祖」…としての、瀬織津姫を辿ることになるんですかね？

ス　そういうことやな

あ　それにしてもあれですね、相変わらずスサノオさんはヒントはくれても、一気に核心に迫るようなことは、いつも教えてくれませんね

ス　まぁいつもいってるけど、俺たち八百万の神々は、「神教」ではなく「神道」。「答えを教える」ものではなく、「道を求めるもの」。だから、俺に答えを求めるのは筋違いってこと。「道を求める」というのは、お前自身の「魂の成長」とともにある。そのためのヒントなら、いくらでも与えたるけどな

あ　「自分の成長ありき」とは、わかってはいるんですけどねぇ〜。まぁでも、わかりました。今から行ける、滝がある場所を探してみましょう。そこから何か見つかるかも…

…そうして、僕らは、東京は府中市にある「瀧神社」へと向かった。

住宅街の裏手の公園のなかで、巨大なご神木とともに、明ら

かに異彩を放つその神社。
ここでは今は、チョロチョロっと流れる程度の水しか流れていないが、かつてのこの滝はこの地域一帯がどれだけ渇水をしようとも、枯れることなく水が流れ続け、人々を救いつづけたという。

あ　…それにしても…
ス　？
あ　ここの瀧神社のご祭神ですが…、全国の「鴨神社」で祀られている、カモノワキイカズチノミコト、その母親のタマヨリ姫…の親子神と、その祖父のカモノタケツヌミノミコト…。

その神格も、「雷を別けるほどの力を持つ神」とか、「神霊の依り代、巫女（みこ）の化身」「八咫烏（やたがらす）の化身」とか。（※上から順に）正直滝には関係がないような…

ス　まぁだから、こういう場合は祭神が変更されている場合があるわな。残念ながらそういう場合は、ここのようにかつての豊潤な滝が涸（か）れていったりと、そういうふうな事態に陥ることが多い。とはいえ、入れ替わった祭神に罪があるわけではない

あ　なるほど…。しかもここのご祭神も僕は正直よく知らないから、話そうにも話せませんしね…

…と思っていた矢先、龍神 小春がフラフラと金網のフェンスに囲まれた、かつての滝のところに飛んでいき…。

あ　小春、どうした？　この場所になにかある？

小春　…ここの場所にもともといた女神さまは、僕にとってお母さんのような神さま…。まだ少しだけこの小さな社にも力が残っているけど、そこから感じるのは、すべての水の力を司る神であり、滝、川、井戸、湧水、蛇神、龍神…。すべての生命の根源となる「水」の女神さまの存在…

あ　…ということは、やっぱりここにも、かつては瀬織津姫が…

小春　なんだかすごくあったかい…。優しくて、大らかで、包み込まれるような…。アマテラスさまと、まったく同じに感じるほどの、純粋な大いなる愛の存在…

あ　………

小春のその言葉だけで、この場所にかつて鎮まっていたという、大いなる女神の愛と優しさが伝わってくるようで…、僕は少し涙を流しそうになってしまった…。
すると、小春から突然やわらかい光が溢れ出し、その波長の変化に合わせるように、ゆっくりと小春は言葉を発した。

小春　少しだけ…なにかの声が聞こえるから…、そのまま…伝えるね…

？　…探してくださって…ありがとう…。その気持ちだけで…すごくうれしい…

小春を通してとはいえ、初めて聞く、「瀬織津姫」…なのだろうか…？
「なにか」の言葉…。

僕は一言も聞き漏らすまいと、しっかりと心を集中させた。
そうすると、突然その瀬織津姫？…と思われる、「なにか」の言葉の意識が明確に、僕らのほうに向いたことを感じた。

？　この国の神々は、元は自然の存在…。自然が導く、大いなる使命のもとに生きるならば…、いずれ出会うべき場所で、出会うことになるでしょう…

そういうと、その「なにか」の存在も、姿を消していったことがわかった。

あ　さ、先ほどの言葉は、瀬織津姫さんだったんでしょうか…？
ス　さぁな、そう簡単に現れてくれるとも思わんから、瀬織津姫のつかいの神やったのかもしれんし、瀬織津姫を守護する神なのかもしれんし。お前がもう少し知識と経験を積み重ねて、違う世界を見てきたら、もっと色んなことが見えてくるんやろうけどな

…そして僕らの今日の旅は終わり、その帰り道…。

あ　でも、どうやら「水」「滝」という、キーワードに間違いはないみたいですね
ス　そういうことやわな
あ　そこを次の手がかりに進めていくことが、瀬織津姫につながっていくの…でしょうか？
ス　まぁそれはいわれたとおり、自然の流れに任せるしかないわな。自分ひとりで頑張ろうとせんと、八百万の神々をはじめ、色んな方々の力を借りながらな。だから決して

「おかげさま」の心を忘れず、自分の手柄にしようとするのではなく、今までどおりお前は、真摯（しんし）に知りたいことを突き止め、そのなかで知ったこと、学んだことを伝えていく。あくまで謙虚に、驕（おご）り高ぶらず。それがきっと俺たちの「自然」やろうからな

あ　はい…。「自然」…。なんだか大きなキーワードですね

旅とは目的地への到着を目指すとともに、自分自身の内面の成長を得て、結果的に新しい自分と出会っていくもの。

その先に、本当の意味での「旅の目的地」がある。

僕らの「自然」というスタンスはあくまで、「目の前のひとつひとつを大切に」このぶれないスタンスを大切にしながら、ゆっくりでも、決して焦ることなく自然の流れのなかで、導かれる道を歩んでいく。その先に、いやおそらく今回の場合は、その「自然の流れ」の先にしか、この旅の目的地はないのであろう。

また違った形で、新しく成長した自分と、その先にある、伝説の神々との出会いを信じて。

「スサノオと伝説の女神を巡る旅」は、「水」「滝」「自然」という新たなキーワードと、今までにない不思議な空気感を持って、つづいていく。

□■□■□

今回登場した神社の紹介

瀧神社

所在地：東京都府中市清水が丘 2-37-1

交通アクセス：京王線東府中駅から徒歩７分

□■□■□

第7話　瀬織津姫信仰の始まり

前回の物語のなかで、瀧神社にかつて「瀬織津姫」が祀られていたといった話もあり、今日僕らは「滝に行こう」ということで、静岡県にある「白糸の滝」にやってきていた。

あ　う〜ん！　絶景、絶景!!　それにしても、すごいパワー!!　さすが水は、すべての生命の根源!!

ス　当然ここ（白糸の滝）は素晴らしい場所やけど、それにしても、なんでまたここを選んだ？

あ　当然ここに、瀬織津姫がいるわけではないと思うんですが、やっぱり「滝の女神」の側面を持たれている以上、圧倒的な滝の景色を一度見ておいたほうがよいかと思って。ここなら東京からでも、なんとか日帰りで行けるし

ス　そもそもやけど、なんで滝には、こんなにエネルギーがあるかわかるか？

あ　滝…滝…、滝にエネルギー…。前に少し調べてわかった

のは、滝から水が落ちてくる姿が、まるで天から水が落ちてくるかのようだったから…？

ス　まぁ基本的にはそうやな。日本人の信仰の始まりおよび、古代の人々が見ていた神の姿を知るには、一度自分たちも、感覚を古代人のそれに合わせないといけない

あ　感覚を古代人のそれに合わせる…？

ス　要は、電気もない、車もない、コンクリートもなければ、なにもない。そんな時代に生きていた人間の感覚のこと。それを目を瞑（つむ）って、想像してみるだけでいい。ちょっとできる範囲でやってみ

あ　……ん……。大丈夫…と…思います

ス　じゃあお前は今大草原を歩いていて、狩りをするために山に入っていった。

山といっても、今の山とは大違い。動物や鳥の鳴き声があちらこちらから響くなか、この現代で「ご神木」に数えられるような巨木が立ち並び、肩の高さぐらいはありそうな雑草を掻(か)き分け、掻き分け道なき道を歩いていく

※イメージ

ス　当然古代の人間とはいえ、人間であることに変わりはない。動きつづけていれば、体力も減り、喉も乾いてくる。「さすがに疲れたな…」そう思った時だった

ス　目の前に突如として視界が開け、そこに圧倒的な姿を誇る、滝が現れた

ス　このとき、どんな気持ちになる？

あ　うぁ…、助かった…。神さま、ありがとう…。

ス　そう、その大自然の神秘に神の采配を感じ、そこに自然と感謝し、頭を下げる。

それが後の時代となって、こういった場所に神籬（ひもろぎ）を建てたり、社を建てたりした。これが今の神社の始まりの話

あ　なるほど。それでスサノオさんがいつもいう「神の世界は感謝ありき」とは、そういうことなんですね

ス　せやな。すべてに感謝をして生きるということが、日本人の原点であり、めちゃくちゃ簡単にいうなら、感謝をするということが「神とともに歩む」ということでもある

あ　そう考えたら、神さまとともに生きるというのも、すごくシンプルなことなんですけどね

ス　シンプルならやれよ、って話よ（笑）

あ　そうですよね（笑）

ス　さらにこの滝と水の信仰について。もっというなら、そのきれいな水に生息しながら、地上にも姿を現し、忽然（こつぜん）とどこに行ったのかわからないように姿を消していく。そんな「蛇」という生物の生態に神性を感じ、蛇を蛇神として「水の神の化身」とした

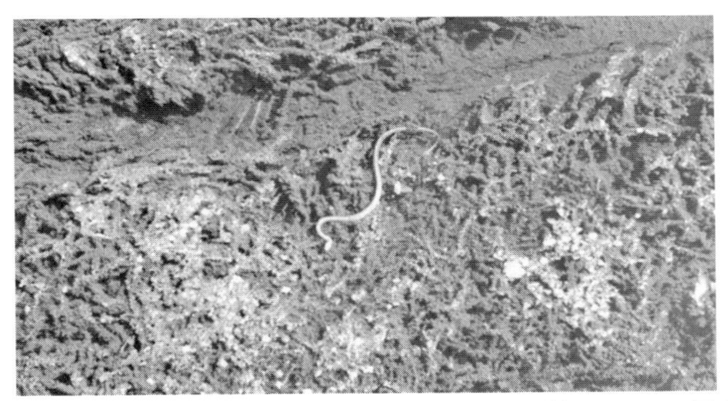
※この写真は昔、家の近所の川でヘビを見たときの写真。

あ　なるほど。でも「水の神」というのは、蛇神だけじゃなくて龍神もだと思うんですけど、その違いは？

ス　まず龍神の起源というのは、決してひとつじゃないねんけど。蛇神が龍神に進化したというのは、その起源のうちのひとつではある。蛇を神として祀っていたところに、仏教が中国から伝来してきた。その時、同時に絵画として伝えられた「龍神」。その蛇神とよく似た姿が同一視され、「水の神としての蛇神と龍神」の歴史が始まったというのもある

あ　なるほどーー。じゃあ蛇神を大切にするということは、龍神を大切にするということにつながる、と？

ス　まぁそういうことでもあるわな。爬虫類（はちゅうるい）が苦手でなければ（笑）

あ　いや、「そのもの」の話じゃなくて（笑）。申しわけないですけど、僕も生の蛇はちょっと…（笑）

ス　（笑）まぁそれは冗談として、そういった古代の信仰をひも解いていくことが、現代の神社の謎を解く鍵になるからな。当然瀬織津姫に関しても同様で…

あ　そうなんですか？　僕のなかでは、まだまだ全然先が見えてませんけど

ス　まぁ、ゆっくりでええやないか。この場所に来て、滝の力を感じ、同時に水の神性を思う。お前もさっき言っていたとおり、水というのはすべての生命の根源でもあり、さっきの蛇神と龍神の話でいうと蛇神と龍神の前に、もっというなら滝の前に、そもそも「水」というものに対する

信仰がある。水がなければ、どんな生物も生きていくことができない。この地球も、お前のその人体も、ほとんどが水で構成されているように。「水」というものに対する信仰はある意味、太陽や月の信仰にもまったく劣らないほどの、偉大な感謝の対象やったから。そんな圧倒的な「水」の神威を誇っていた神こそが、瀬織津姫やったということ

あ　…確かにこの場に来て、滝の力を感じ、水というそのものに感謝の気持ちを持ったら、古代の人々がその水を司る瀬織津姫を愛していたという、その気持ちがよくわかりました…。でも、それがゆえに封印された…

ス　まぁそれはまた、後の話よ。とりあえず今は滝と水の力を感じ、なぜ古代の人が瀬織津姫を愛したか、その気持ちに触れるだけで、それでいい。

そしてできることなら、普段から「水」という存在そのものへの、感謝の気持ちを忘れることのないようにな。するとまた、次の導きがやって来るやろ

あ　…はい

そういうと僕は、あらためて「白糸の滝」の全体を眺めてみた。

ここに瀬織津姫が祀られているという伝承はないけれど、それでも確かに伝わる「水」というもののすべての生命に関わってくる、圧倒的な神威に自然と僕は頭を下げていた。
その時ほんの少し、古代の人々が瀬織津姫という女神を愛した、その気持ちに触れられたような気がした。

第８話　イワナガヒメの登場と新たなる謎

「白糸の滝」の散策を終え、次に僕らが向かったのは、白糸の滝から歩いて５分程度の場所にある、こちらも豪快な「音止（おとどめ）の滝」。

ここに来たかった理由としては、この「音止の滝」のすぐ脇には、「厳磐叢（ゆついわむら）神社」という神社があり、そこには前回の旅でお会いした、かつての「封印されし女神 イワナガヒメ」が祀

られているからだ。

ペコリ、ペコリ、パンパン、ペコリ（二礼二拍手一礼）
早速参拝。

…すると…？
イワナガヒメ　こんにちは

ひさしぶりの登場、「イワナガヒメ」さんだった。

前回「雲見浅間神社」でお会いした時とは、遥かに違う表情と張りのある声。
その姿は、どこか輝いているようにさえ見えた。

あ　イワナガヒメさん、今日もきれいですね
イワナガヒメ　やだ…そんな…(照)。でも…ありがとう…ございます
ス　イワナガヒメ、元気そうでよかった
イワナガヒメ　皆さまのおかげさまです。あの封印を解いていただいた夏の一件以来たくさんの方々が全国の私のもとを訪れてくださり、よい思いとよい言葉を届けてくださるおかげです

ス　神は人に力を与えるように見えて、実は神も人からの祈りや掛けられる言葉によって、たくさん力をもらっているからな。だからたくさんの人が来る神社の祭神は、ドンドン力を増していき、その逆に人が来なくなった神社の祭神の力は衰えていく。おい、ええことしたな、ハゲ頭

あ　いやいや…それこそ僕だけでやったことじゃないですから…（笑）。皆さんのおかげさまですよ（笑）

ス　持ちつ持たれつ。愛し愛され、支え支えられ、感謝し感謝され。その「お互いさまのおかげさま」の姿こそ、神と人の本来のあるべき姿なり

あ　…なに珍しい言葉づかいしてるんですか…（笑）

ス　いや、1回やってみたかっただけ（笑）

イワナガヒメ　…今日はどうされたのですか？

あ　この夏の旅に引きつづいて、今瀬織津姫さんの謎を巡る旅に出させていただいているんです。でも正直、今のところまったく糸口が掴（つか）めてなくて…

イワナガヒメ　そうですか…。瀬織津姫…ですか…

あ　もし差し支えなければ、イワナガヒメさん、なにか知ってることなどありますか？　もちろん教えていただける範囲で結構なんですが…

イワナガヒメ　………。…ごめんなさい…。正直私は瀬織津姫のことは話に聞くぐらいで、神話上でも接点がなくて…

あ　そう…ですよね…。すいません、変なこと聞いて…

イワナガヒメ　ただ…
あ　？
イワナガヒメ　私と瀬織津姫に共通点があるといえば、あります。それは…
あ　………
イワナガヒメ　ともに「封印」というものが、その運命に大きな影を落としているということです

あ　封印…
イワナガヒメ　もちろん大きな違いとして、私の場合は、私自身の手によって、自身の存在を封印いたしました。しかし、瀬織津姫の場合は違う…
あ　瀬織津姫は…封印…された…？
ス　そういうことやわな。その違いは似ているようで、まったく違う

イワナガヒメ　「封印をされた」ということは、「封印をしたもの」がいるということです。その存在に追っていくことに、なにかしらの糸口があるのかもしれません…。私から申し上げられるのは、今はこれぐらいのことですが…
あ　い、いえっ!!　そんなっ!!　十分すぎるお話です!!　イワナガヒメさん、ありがとう!!　本当にありがとうございます!!
イワナガヒメ　すいません…あまり…力になれずに…
あ　と、とんでもない!!

「封印された伝説の女神」ということは、その「封印した相手」がいるはず。
そこを調べていくことが、次なる道につながる大きな糸口であることが、この場でハッキリと確信できた。

あ　でも、一体誰が…？

一体誰が、なんの目的で、瀬織津姫を封印したのか？

新たなる疑問の誕生によって僕らの旅は続いていく。

□■□■□
今回登場した白糸の滝および厳磐叢神社の紹介
所在地：静岡県富士宮市上井出・原
交通アクセス：ＪＲ富士宮駅からバスで30分（路線バス白糸の滝行き「白糸の滝」下車徒歩５分）
□■□■□

第9話　神話の裏側を見るということ

「瀬織津姫が封印されたということは、封印したものがいるはず」という言葉を受け、次に僕らの旅は、「瀬織津姫を封印したもの」を突き止めていくという方向性に変わった。
まずはそのために知ることから始めようと思い、僕は瀬織津姫に関する本を、あれやこれやと読み漁（あさ）っていた。
そんな時のこと…。

あ　ふぅ…肩凝った…

ス　ご苦労さん。なにかわかったか？

あ　ん〜〜〜。まぁ瀬織津姫に関しては、色んな方が色んな角度で書かれているので、正直どれも間違っていないんだろうし、どれもなるほどと思う部分がありますね

ス　そういうことやわな。結局お前が書きつづけているこの物語だって、いつもいっているみたいに、お前というフィルターを通して描かれている神の世界やから。当然絶対的に正しくもあり、絶対的に正しくもない。神の世界というのは、見る人によって千差万別。そういうもんやから

あ　ですよね。だからこそ、どこをどうピックアップして、自分なりに突き止めていくかっていうのが、重要になってくると思うんですよね。いくらそれぞれのフィルターを通しての話といったところで、根拠のないことや適当なことを伝えるわけにはいきませんし

ス　特に瀬織津姫の場合はそう。謎が深い分、彼女のことが

大好きな方も、その謎を突き止めようとしている方も世の中にいっぱいいてるからな。だからこそ、こうしてお前も瀬織津姫のことを書く以上は、責任を持って、入念に取材も重ねて書かなければいけないし、どれだけ自信を持って書くにしても、決して「自分の説が絶対！これが正しい！」というスタンスでいてはいけない

あ　もちろんそうですよね。今までどおり、僕にできる形でしっかり勉強をして旅に出て、そのなかで縁のある神さまたちと話をさせていただけるなら、そこで知ったこと、わかったことをただ真摯に伝えていく。それをどう受け止めて判断されていくかは、読んでくれる皆さん自身だから。僕はその皆さんの思考の礎となる物語を伝えつづけていきます。

ス　そういうこと。ただな、この俺との話のなかでも、次につながるヒントが出てきていることに気づいているか？

あ　全然

ス　相変わらずお前は清々しいほどのアホやな。お前がこれから伝えていく瀬織津姫の物語、そしてお前が今読んでいる、その本の瀬織津姫の物語。それは誰が書いたもんや？

あ　誰がって？　僕の物語は僕でしょうよ。それにこの本は、それぞれの作者さんが書いたものでしょうよ

ス　そういう意味じゃない。お前も、この本を書いた方も、「そもそも」なんやねん？って話

あ　「そもそも」？…人間？

ス　そういうことや。物語を書くのはいつだって人間。じゃあ神話を書いたのは？

あ　……人間……？

ス　そういうこと。俺たち神々はこうして、確かに存在している。ただな、この俺たちの存在を伝えていく「神話」というものを書いたのは、いつだって「人間」やねん。だから古事記や日本書紀、全国各地の風土記をはじめとして、いくつもの神話が存在するわけ

あ　そうか…なるほど…

ス　ということは、どういうことか？

あ　…？

ス　そこには「神話を書いた人間」の、なにかしらの意図が込められていることがある、ということやねん

あ　やべ…。マジ、サスペンスみたいになってきたぞ…。ここは「ダヴィンチ・コード」じゃないぞ。愉快で楽しいスサノオシリーズだぞ…

ス　アホなこといってんと、まじめに考えろ。いつかお前にいったことがあるように、日本の神話というものの裏側には歴史の表舞台から抹殺し封印された部族や豪族、またその部族や豪族たちが、信仰していた神の物語が隠されていたりする

あ　こんな話…、バカの僕が聞いていいのでしょうか…

ス　要は大切なことは、封印や抹殺された神のことを知るのなら、神話のなかに描かれていない、物語の「裏側」こそを知る必要があるということ

あ　……。いっていることはわかるんですが、でもどうやって…？

ス　それは入念に調べていって、少しずつ、少しずつ糸口を探っていくしかない。まぁだから、まずは古事記やろうな。古事記をもっとしっかり知って、古事記の物語の表側だけでなく、描かれていない、その裏側をわかるようになれ

あ　は、はぁ…

ひょんなきっかけで始まった、この瀬織津姫を巡る旅は、神話の世界と現実の世界を行ったり来たりしながら、不思議な空気感を持って、まだ先の見えない未来に向かい、かすかに見える糸口だけを辿っていくことになる。

第10話　なんのためにこの旅があるのか

2018年。新たなる年を迎えた。

そんななか、僕らは、親交のある宮司さんに呼んでいただいたこともあり、奈良県は天河大辨財天社のお祭り、「松囃神事」に参列していた。

目の前で繰り広げられる巫女舞や狂言、湯立神楽の幻想的な光景は美しく、まるで龍が昇るかのように、立ち上る煙の姿に、どこか龍神の祖ともいわれている、瀬織津姫の姿を重ね合わせていた。

お祭りを終えて境内を散策するなか、雪景色は美しく

凛とした空気が全身を包むなか、スサノオさんが僕に話しかける。

ス　2018年の始まりがこの地…、天川(※地名表記は天河ではなく天川)やったとはな。やはりお前のこの旅は、神に祝福されている

あ　どういう意味ですか？

ス　この場所天川が、一説ではなんていわれているか知っているか？

あ　呼ばれないと来れない場所？

ス　そうや。まぁかつて玉置神社で、クニノトコタチノカミがお前にいってくれたみたいに、「呼ばれないと来れない」というのは、決して人の魂や人間性の優劣の話ではなく、ただの縁の話やから。全国どこの神社も、そういえばそうやねんけど。お前がこのタイミングで、この場所天川に呼ばれて来たことに意味がある

あ　まだなにを仰(おっしゃ)っているのか、よく分からないです

ス　この天川の地は、お前がこれから進めていく瀬織津姫の旅に於いて、いつか必ず重要な地となる

あ　…そうなんですか…？　もうちょっとハッキリ言ってくれたほうが…

ス　何度もいわすな。俺たち神はお前にヒントは与えるけど、答えは与えん。この旅も含めてすべては、お前の成長のためにあるものであり、そのためのサポートは惜しみなくする。それが神教ではない、道なき神の道を求めていく「神道」や

あ　…この地…天川が、瀬織津姫につながる重要な地…ですか…。今はまだサッパリわからないんですけど…

ス　お前が今この地にいる意味、そしてお前が今ある知識、これから学んでいくこと、これまで出会ってきた神々、そしてひとつひとつの手がかりを総動員して、お前だけの答えを導き出していけ。それが「神の道」に即したものでないならば、多くの人の共感を得ることはできないし、それが「神の道」に即したものであれば、これからお前が歩

む道のりは自然と多くの人々に支持され、たくさんの共感を生んでいくやろう。そしてそれが後の未来で、謎多き「神」という存在のひとつの答えとなる

あ　はい…わかりました…

ス　だからしっかり勉強せぃ。多くの人に見られているという自覚と責任感を忘れず、それでも行動の根源となる好奇心と希望をいつまでも忘れず自分の足で、自分の心で、自分の軸で、これから感じていくものを大切にな

あ　…スサノオさんに聞きたいのですが…

ス　なんや？

あ　スサノオさんは…、瀬織津姫さんの正体…、といえば変なのですが、その存在やこれまでの出来事を知っているのですか…？

ス　………。…あぁ、もちろん全部知っている。その始まりも、その存在になにが起きたのかも…、そしてこれまでの歴史の積み重ねも…。悲しき歴史の性(さが)よ…

あ　………

そうして、天川からの帰り道。

僕の脳裏を、あるひとつの思いが駆け巡っていた。
「僕は一体、なんのためにこの旅をするのだろう？」
その思いが、絶えることなく僕の脳裏を駆け巡っていた。
そんな僕に…？

スサノオさんが…？

語りかける…？

あ　うるさいよ（笑）、そして危ない(笑)。人が真面目に考え事してるんだから

ス　キモい顔して、なにが真面目にや。キモいもんは真面目な顔してもキモい。で、なに考えてたんや？

あ　「この瀬織津姫の旅の目的ってなんなんだろう？」って思って

ス　そんなもん知るかぃ。自分で考えろ

あ　だから、今考えとるがな（笑）。あんたが邪魔しに来たんやろがぃ

ス　なんや？　怖気（おじけ）づいたか？

あ　いや、そんなんじゃなくて。もともとは玉置神社に行った時に、「瀬織津姫」という存在を知り、その「封印された伝説の女神」という存在に興味を持ったことがきっかけでした

ス　別にそれでええがな。なにかを知ろうとする動機に、「知りたい」という理由のほかに、それ以上の理由もそれ以下の理由もいらない

あ　それでいいんですかね

ス　あぁ、ただその代わり、神の道、人の道に即さないことはするなよって、だけの話よ

あ　正直にいうと、僕が今一番知りたいことは、瀬織津姫という神さまが一体どういう神さまで、なぜこれだけたくさんの謎を抱えていながら、時代を超えて多くの人に愛されているのか？　その起源は？　始まりは？　そしてなぜ、封印されなければいけなかったのか？　そういったひとつひとつが、一作家として、またひとりの男として心が動きます

ス　…まぁそこら辺は、男と女性の違いやろうな。男はいつだって理由を求めたがる

あ　そうなんです。正直頭が悪くて鈍い僕には、瀬織津姫を

調べているときによく目にする、ガイア意識の集合体とか宇宙の存在とか、瀬織津姫の封印が解けることによって次元が上昇するといった話は、むずかしくてよくわかりません

ス　まぁそういう方向の話は、確かにお前の専門外かもな

あ　はい、ただそれも決して優劣ではなく、役割の違いだと思うんです。だから僕自身ができる役割として、この瀬織津姫を巡る旅は極力、実際にあったかもしれない過去の出来事や、歴史や神話の裏側、そういったひとつひとつを丁寧に、拾い上げながら、皆さんとともに、小さな発見や、そのときの喜びや感動を積み重ねて、進んでいきたい。そしてその先にあるはずの、「瀬織津姫」という存在の、ある意味の答えを見つけていきたい。それが僕がこの旅を行う意味なのかもしれませんし、目的なのかもしれません

ス　えぇ心掛けや。えぇか。神の封印を解いていくためには、特別な儀式とかではなく、信仰の成り立ちやその経緯と性質、そういった歴史も含めて、その神に対する正しい理解のもとに、正しい愛され方をして、正しい祀られ方をしていくこと。それが広がっていくことが、時間が掛かってでも、神々の封印を解いていく鍵となる。だからお前の考え方自体は、決して間違ったものではないねん。ひとつひとつの手がかりにつながるかもしれない、小さな歴史の断片を丁寧に拾い上げて、しっかりやり抜いていけ

あ　「正しい理解のもとに正しい愛され方」…。はい、よくわかりました…

□■□■□

今回登場した神社の紹介

天河大辨財天社（天河神社）

所在地：奈良県吉野郡天川村坪内107

交通アクセス：近鉄吉野線「下市口駅」から、奈良交通の路線バス「中庵住行」に乗車し約1時間、「天河神社前」下車すぐ。

□■□■□

第11話　バカなりに頑張るの巻

「瀬織津姫とニギハヤヒの正体を知る」。
そのためには旅に出たくても、あらためて知らなければ始まらないと思い、天河大辨財天社から東京に戻った僕はひとり、色々と調べ直していた。

「その神に対する正しい理解がなければ、封印が解けることはない」。

スサノオさんのその言葉を思い返し、瀬織津姫とニギハヤヒの起源について調べるべく、あらためて古事記や色んな神話を読み返しているものの…。

…いまいち掴めない。

まず瀬織津姫という名は古事記のなかには表記がなく、今この現代では、瀬織津姫は大祓詞（神道の祭祀に用いられる祝詞）のなかに登場する「祓い（浄化）の神」として、出雲大社、大神神社をはじめ「祓戸四神」の一柱として祀られている。

そこから「災いや穢れを祓う神」という概念を当てはめて、古事記のなかでは、黄泉の国から逃げかえったイザナギさんが、自身についた黄泉の穢れを祓うために川で禊をした時に現れた「大禍津日神（オオマガツヒノカミ）が瀬織津姫ではないか」といわれているが、もちろん「大禍津日神」とはその「禍（マガ）＝災厄」という漢字のとおり、災い、穢れの神とされている。

…が、それは正直、これだけ時を超えて愛され続けている「瀬織津姫」という存在と照らし合わせたときに、いまいちピンとこない。
そもそも「祓いの神」としての祀られ方自体が、後世で瀬織津姫を封印するためにつくった、新しいレッテルであるという話もある。
しかし果たして、この「ピンとこない」という感覚を信じていいものかどうか。

それもひとつの疑問だったのだが、それに対しては…？

ス　安心せぃ。そもそも古代から、神というものは「知る」ものではなく「感じる」ものや。それぞれが「感じた」ものを神として祀ったり、後に絵に落とし込んだりしたことが、始まりやねんから、頭で知ろうとせずに、心で「感じ

る」癖をつけろ
…とのことだったので、ここは一度、自分の感覚を信じてみようと思う。

そして次に、ニギハヤヒという神について。古事記での表記をざっと書くと、初代神武天皇が東征（日向の地を発ち、大和を征服して橿原宮（かしはら）で即位した出来事）において、宿敵ナガスネヒコとの最終決戦に勝った後に、天から持ってきた宝物を神武天皇に捧げその軍門に下った神として登場する。

…しかしこれだけでは、ニギハヤヒさんが一体どういう神さまか、なにもわからない…。

そこから古事記のほかにも、ニギハヤヒについて書かれているという、「日本書紀」「先代旧事本紀」「新撰姓氏録」「天神本紀」「上記」「播磨国風土記」「ホツマツタエ」などなどの該当箇所を…、ザッと読んだりしてみたものの…、そこでは、ニギハヤヒさんとはオオクニヌシさんの子であるという表記があったり、スサノオさんの子であるという表記があったり、天孫ニニギさんの兄でありニニギさんより先にアマテラスさんの孫として「天孫降臨」したという表記があったり…。

…もうめちゃくちゃ…。
…そうこうしていくうちに…？

あ　…Zzz
ス　バシンッ!!（頭を叩く）。起きろ!!ハゲ頭っ!!!!

あ　痛っ!!　も～…だって全然掴めないんですもん～…。瀬織津姫さんの正体も～…、ニギハヤヒさんの正体も～…。どの神話も鵜呑み（うの）にしてよいのか悪いのか、わかんないし～…。まだまだ全然知識がないから調べているといっても、ほとんどピンと来るといえば来るし、来ないといえば来ないし～…。自分の感覚を信じてよいものやら、悪いものやらすらも、どんどんわからなくなってくるし…ブツブツ…
ス　ブツブツいうな、うすらハゲが。そんなもん当たり前やろ。家で本やパソコンいじくってるだけで、「感じる」ことなんかできるか。旅やねんから外に出ろ、外に

…。

……。

………。

…………。

スサノオさんにそういわれて、とりあえず外に出たものの、どこに行けばいいのか…？
そう思った僕が向かったのは、なぜか湯島天神。

そう。ここには僕のブログにもよく登場する、「学問の神」であるミッチーこと、菅原道真さんがいる。

行き詰まった僕は、ミッチーに相談をすることにした。

あ　実はこうこうこうで、あぁ、あぁ、あぁで、行き詰まってまして…

道　ふむふむ…。まぁこれでわかってしまう私、私、私も、どうかと思いますが…。そんな私から今お答えできるのは、ズバリひとつでしょう!!

あ&ス　(……)

道　荒川さんはまだ、神話を神話として見すぎです。一度人間側から、神話を見る必要があります

ス　だから、前からいうとるやろがぃ。「封印されたもの(瀬織津姫)がいるということは、封印したものがいるということ」。「古事記をはじめこの世に神話があるということは、それをつくった　人間がいて、そこにはなにかしらその人間の意図が込められている可能性があるということ」、それを調べろって

あ　いや！　ちゃんとそれも意識して、読んでますって!!

ス　じゃあ聞いたるわ。古事記はなん年につくられた？

あ　完成は712年！　天武天皇の時代の673年から始まり、持統天皇、文武天皇を経て、3代先の元明天皇の時代にかけてつくられた！

ス　なんの意図でつくられた？

あ　戦争によって焼失した「天皇記」や「国記」に代わる国史の編纂(へんさん)と、日本中に散らばる神話を統一するため!!(ドヤッ)

ス&道　………

あ　エッヘン(鼻高々)

ス　お前…、そこまで知ってて、ホンマにわかってないの…？

あ　なにが？

道　まぁまぁ（笑）。このバカ正直さが荒川さんらしさなんでしょうし…（笑）

あ　誰が「バカ正直」や。って、なによ？　さっきから一体？　コソコソ話して。あんたらは女子か

ス　…伝えられていることを、そのまんま信じるバカがどこにおるかってことや!! ドアホッ!!　ほんまこのアホだけは、感性が鋭いんか鈍いんかわかれへん。ええか、俺と道真がいってる「人間の意図を知れ」というのは、神話の「内容」のことじゃない。その前の、そもそもの「古事記成立の背景と、その意図を知れ」ということや

あ　だから知っとるがな!!

ス　それを鵜呑みにするなというてんねん、ドアホっ!!

あ　ど、どういうことよ!?（汗）

道　古事記や日本書紀をはじめとした神話のなかには、古代のヤマト王権との権力争いに敗れた豪族や、制圧された部族たち、またそれらが信奉していた神々が、敗れた神や悪神として登場させられるという、実際の裏の歴史が隠されているということです

あ　それは今までの積み重ねのなかで知っとる。タケミカヅチさんに敗れたタケミナカタさんの話とかでしょ？　でも

それこそそれは、神話のなかの一部分の話じゃないですか。壮大な物語なんだから、そりゃ一部分はそんなこともあるでしょうよ

ス　一部分ではなく、そもそも古事記全体が、そういう意図を持ってつくられた書物やとしたらどうする？

あ　（ゴクリ…）ど、どういうこと…？
道　まぁ要は古事記編纂の段階で、荒川さんがさっきいっていたような表の意図ではなく、そもそも「ある裏の意図をつくり上げるため」につくられたものが、古事記だったらとしたら？という話です。…そのために当時の、古事記編纂時の歴史の背景をもっと深く、知りましょうということです

ス　そういう意味でいうと、お前全然わかってないやろ？
あ　………は、はい………（小声）
ス　…ったく…。ヒントを与えてやっても、まともに受け取れやがれへん。色んな神話を読んだとか偉そうにいいながら、どうせ読んだだけやねん。アホすぎて腹立つわ、こいつ
道　まぁまぁ…（笑）。一生懸命なのは確かですから…（笑）

あ　ぼ、僕はどこから調べていけばいいんでしょう…？
ス　自分で考えろ、ドアホ

道　まぁまぁ…（笑）。とりあえず古事記編纂に、大きく関わった時代の天皇と、その時の歴史的背景について、調べてみてください。そこから見えてくることがあるはずですから

あ　…っと、ということは、天武天皇とか持統天皇ぐらいから、ということですよね…？

…「瀬織津姫」と「ニギハヤヒ」という、謎多き神々を追う旅は、近づこうにもまだまだ遠くて。

しかし、「古事記編纂に、大きく関わった時代の天皇と、その時の歴史的背景を知る」という新たな発見を得て、手探りでも次の物語へと進んでいく。

□■□■□

今回登場した神社の紹介

湯島天神

所在地：東京都文京区湯島 3-30-1

交通アクセス：地下鉄千代田線 湯島駅 3 番出口徒歩 2 分

□■□■□

第12話　封印されし強すぎた神、再び

スサノオさんにバカさ加減を指摘された僕は、「古事記成立の背景と、その意図を知ること」を目的として、あらためての調べ直しを余儀なくされていた。

古事記成立の時代は、始まりが673年 天武天皇の時代から。そして持統天皇、文武天皇を経て元明天皇の時代の712年に完成。
これは有名な話。
「しかし、それがつくられた意図は？」

そのようなことを考えながら、あらためて神話ではなく歴史の観点から「古事記」というものを見たとき、驚くべき発見があった。
…それを今ここで、

すぐにお話をしたいところですが、

スサノオさんが出てきたため、

少しだけお待ちください。

あ　もぉぉぉぉ…なんですか一体…。ようやく調べ物も、軌道に乗ってきたというのに…

ス　なにが軌道に乗ってきたや。お前は今なにをしている？

あ　今なにしてるかって？　勉強？ていうか、瀬織津姫を巡る「旅」

ス　そうや！「旅」やろがぃ!!　旅なら旅に出んかい！ドアホッ!! !!

あ　いや！　だから何回もいってるじゃないっすか!!　夏の古事記を巡る旅と違って、今の僕は瀬織津姫のことも、ニギハヤヒさんのことも全然知らないの!!　なら、旅に出ようもないでしょうがっ!!

ス　やかましい!!　この間もいうたけど、そうやって閉じこもってるから、「感じる力」が衰えるんやろがぃ!!　つべこべいわんと、外出ろ!!!

…スサノオさんにまた無理やりそういわれて、外に出たものの…。
さて、どこに向かおうか…？

時間は今、午後の２時前。今僕が「感じる」ままに、行きたいところといえば…？

…その時僕は、無茶なことを考えた…。
…。
……。
………。
…………。

長野県は諏訪大社。

前回の夏の旅の時にも巡った、「封印されし強すぎた神」タケミナカタさんが鎮まる地。

なぜ今、ここに行こうと思ったか？
それはやはり、瀬織津姫さんとニギハヤヒさん。
封印された神さまのことを巡る以上、同じく古事記のなかで、
「タケミカヅチさんに敗北して、諏訪の地に逃げ込んだ神」
という違ったレッテルを貼られたことによって、今もまだ封印されているタケミナカタさんの言葉を聞きたかったからだ。

…しかし、もちろん東京から諏訪大社までの道のりは決して近いものではなく、その結果急いで準備して車で行っても、諏訪大社に到着するころには17時前になり、もう日が傾きかかっていた。

前回の旅でここに来た時、僕はタケミナカタさんと直接話はできなかった。
それはタケミナカタさんがまだ「封印されていた神」ということもあり、そしてまだ僕自身もその固定概念から脱け出せていなかった。

要はタケミナカタさんという神さまに対しての「正しい理解」ができていなかったからこそ、話ができなかったように思っている。

あらためてこの地に来て由緒書きを見たら、このように記載されていた。

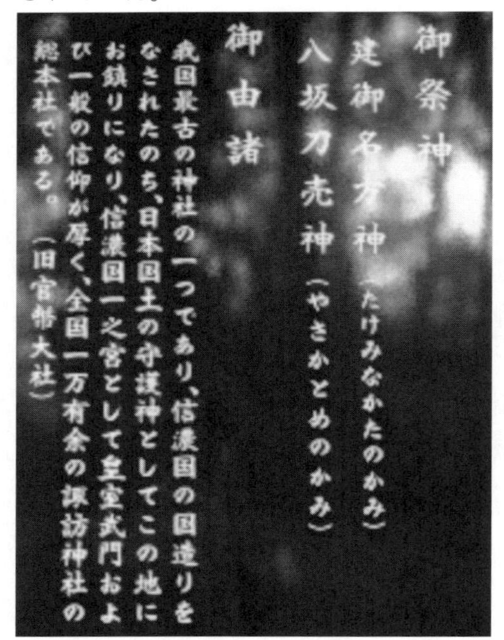

「日本国土の守護神」…。
…そう、タケミナカタさんは、決してただ「敗北して逃げ込んだ神」ではなく、見方は違えどこの諏訪の地に於いて、

「日本国土の守護神」として祀られていた。
…ただ、その存在をそのままにしておくと、都合の悪い勢力がいた。

それが「古事記」という神話がつくられた、ある種の意図だという…。
さまざまな思いを巡らせながら、あらためてタケミナカタさんの鎮まる本殿の前に立つ。

そして心を静かに、
二礼二拍手一礼。
…そして、そこに…？
…。
……。
………。
…………。

「封印されし強すぎた神」、そしてこの地に於ける日本国土の守護神、タケミナカタさんが現れた。

ス　お前も、タケミナカタと話せるようになったか。ちょっとはタケミナカタに対して、「正しい理解」ができたということやな

あ　恐縮です…。まだまだ理解が足りているとは思えませんが…

タケミナカタ　スサノオさん、荒川さん…。おひさしぶりです…。この夏以来…ですね

あ　はい、おひさしぶりです。その節は大変お世話になりました

タケミナカタ　お世話になったのはこちらの方です…。あなたとスサノオさんがこの地に来て感じたこと、私の姿を多くの方に伝えてくださった。それによって少しでも、人々の私に対する思いが変わってくれた、という事実があるのです…

あ　本当ですか…。な、なんといえばいいのか…

ス　ほれ、だからこそ夏の時と、タケミナカタの見た目も変わっとるやろ。「正しい理解」が進んだら、お前のなかの「感じる」フィルターも変わり、映し出される神も変わるというよい例よ

※この夏の旅の時のタケミナカタさん

あ　本当に…光栄です…。神さまに少しでも貢献できたなら…

タケミナカタ　して…、今日はどうされました…？

あ　この夏の旅の時と同じように、今封印された伝説の女神といわれている、「瀬織津姫」さんを巡る旅をしています。そのなかでどうしても、タケミナカタさんの言葉が聞きたくなって…。不躾（ぶしつけ）にすみません…

タケミナカタ　瀬織津姫…ですか…

あ　はい…

タケミナカタ　もちろん私もよく存じ上げている神ですが…。

封印された経緯は、おそらく私と同じようなものでしょう…。その存在自体が、当時の権力者たちにとっての障壁となるという…

あ　当時の権力者たちといえば…、天武天皇や持統天皇の時代…？

タケミナカタ　えぇ…。その当時の出来事や、同時に歴史の裏側、また調べることだけではわからない当時の人間たちの感情を「感じる」ことで、自ずと見えてくることがあるでしょう…。そのうえでスサノオさんもいつも仰るとおり、決して頭で考えることではなく、神事(かみごと)は「感じる」ことを、大切になさったうえで進まれてください

あ　ありがとうございます…。しっかりと調べて、そのうえで旅に出て、その場の空気や神さまたちの存在、そこから訴えかけることやメッセージを感じる大切さを、忘れないようにいたします…

タケミナカタ　…そうですね…。最後に私からひとつだけ…

あ　…？

タケミナカタ　いつの時代も、「封印をした、された」という話になると、「封印をした」側のものが完全な悪として、吊(つ)るしあげられます。しかしそれを私は、荒川さんにはしてほしくない

あ　…どういうこと…ですか？

タケミナカタ　「封印をしたものも、一生懸命に生きていた」

いうことです。役割は違えど、それぞれの思いと正義のもとに、そして後の時代のために生きた痕跡があるということ。なおさら今この現代に於いて、これだけ豊かで自由な時代がつくられた。その礎を築いた先人たちの足跡を否定するようなことだけはしていただきたくない。たとえそのものたちがどんな存在であれ…

あ　……はい…必ず……。約束いたします…

タケミナカタ　私はこの諏訪の地で愛され、諏訪の地の人々によって大切に愛されてきた。そこに、この地に来ることになった過去や経緯に対する怒りはございません。すべての過去があって、「今」があるのですから

…。
……。
………。
…………。

瀬織津姫とニギハヤヒの正体に迫る本格的な旅に出る前に、僕はここ諏訪の地に来る必要があった。
それは、これから知ること、伝えることがどんな形であれ、「この時代を築き上げた、先人たちの足跡を否定しない」ということ。そのことを胸に刻み込むために、今日のこの時間があったんだと思う。

さまざまな歴史の断片や、その地の神や人の思いや感情を拾い上げながら、旅はこれから新たなる未来へと進んでいく。

□■□■□

今回登場した神社の紹介

諏訪大社上社本宮

所在地：長野県諏訪市中洲宮山1（そのほか諏訪湖周辺に三社）

交通アクセス：JR東日本中央本線 茅野駅（3.4km）

□■□■□

第13話　吉野の地に吹く風

この時代を築き上げた、先人たちの足跡を否定しないでほしい

諏訪の地に鎮まる、「封印されし強すぎた神」タケミナカタさんの言葉を得て、僕らの瀬織津姫を巡る旅がいよいよ本格的に始まる。

諏訪の地から、東京に戻った僕らが、次に向かったのは、再びの奈良の地だった。

なぜ奈良か？
672～712年、主に天武天皇、持統天皇の時代にかけてつくられた「古事記」成立の背景を知るなかで、この奈良の地こそが、その天武天皇、持統天皇の魂を感じるうえで必要な場所だったからだ。
奈良の地に向かう車中のこと…。

ス　で、調べていくなかで、なにかわかったことがあるんか？

あ　えぇ…、どうやらこの奈良の地、そして天武天皇、持統天皇のことを知ることこそが瀬織津姫を知る、なにかしらの手がかりにつながるんだ、と…

ス　なんでそう思うねん？　ハゲた頭して

あ　頭は関係ない（真顔）。スサノオさんとミッチーが以前僕にいってくれた、「古事記成立の背景とその意図を知ること」という言葉。その言葉を胸に歴史を見返し、そして同時にタケミナカタさんにいわれたように、当時の人間の感情を「感じた」時に、あるひとつの歴史上の出来事にぶつかりました

ス　…なんや？

あ　壬申（じんしん）の乱です

ス　………

あ　「壬申の乱」。「日本歴史上最大の内乱」といわれており、当時の天皇といわれている天智天皇の太子大友皇子(のちの弘文天皇)に対し、天智天皇の皇弟大海人皇子（おおあまのおうじ、のちの天武天皇）が反旗をひるがえしたものであり、反乱者である大海人皇子が勝利し天皇に即位するという、日本史上例の少ない内乱のこと…

ス　よう勉強したやん。毛も知恵もない頭の割に、よく頑張ったな。で、その「壬申の乱」がなんやねん？　あんまり長々と歴史の話をすると、神さまの話を期待している読者は飽きるぞ

あ　わかっとるわ。日本史上最大の内乱を経て、即位した天武天皇という天皇。まだこの国になかった憲法の礎となる「大宝律令」の制定を命じ、また神道の振興や仏教の保護、舞や歌、祭りをはじめ、宗教、文化政策にも長(た)けた名高い方です。しかし、同時に…

ス　？

あ　神道を体系化することによって、天武以前の日本の神々の多くを封印したのはこの天武天皇、そしてその後を継いだ妻でもある持統天皇ではないか、ともいわれている…

ス　………

あ　その天武天皇が、「壬申の乱」の際に挙兵をした地がこの奈良県は「吉野」の地だと聞いて、僕はここにやってきました

…そうして着いたその場所の名は、「宮滝遺跡」。

天武天皇がこの地から、「日本史上最大の内乱」を起こしたという場所。

ス　どうや？　なにか思うこと、感じるものはあるか？

あ　…「天武天皇の気持ちになれ」、ということですよね…？　そういわれるとすごくむずかしいんですけど、「壬申の乱」に勝利し即位した天皇として、畏れ多いながら共感できそうなことがひとつだけあります

ス　なんや？

あ　「壬申の乱」に勝利して天皇となった天武天皇…。けど、天武天皇の気持ちを考えたとき、いつまでも、心の「穢れ」が取れなかったような気がするんです…。その「穢れ」とは…

ス　………

あ　「自分は反乱を起こして即位した天皇である」ということ…

ス　………

あ　天武天皇が、「壬申の乱」を起こしたきっかけを少し調べただけでも、先代の天智天皇の強権的な専制に対する怒りや、当時の権力体制の腐敗に対する嘆き、また反乱を起こした対象の大友皇子が、天智天皇と女官（宮廷に仕える女性）の子どもであることへの抗議の意思。そのひとつひとつがきっかけとなり、この国の未来を憂いての挙兵だったとは思うんです…。けど…

ス　………

あ　自責の念だけは、いつまでも取れることはない…。そのとき芽生える感情、穢れは、今でいう「コンプレックス」というやつだと思うんです。「自分は反乱を起こしたものだ。反乱を起こしたものの存在を、人々が王として認めるだろうか」という…

ス　………

あ　そう思うと天武天皇の治世はどこかで、その自らのコンプレックスを払拭するためにあったように感じられて仕方ないんです。その思いが原動力となったからこそ、さっき話したような、この国の繁栄の礎が天武天皇によってつくられたともいえるのですが…。ただそのコンプレックスを払拭するための方法のひとつが…

ス　………

あ　「古事記」だったと思うんです

ス　…つづけろ

あ　古事記の物語は、現代の天皇さまにつながる皇室は、最高神アマテラスさんの直系子孫である、ということを表しています。それは一体、どういうことか？　「反乱を起こした自分」というある種のコンプレックスを、払拭するためにつくり上げなければいけなかった天武天皇の心の叫びに聞こえるのです

ス　………

あ　僕は決してアマテラスさんが、「天武天皇によってつくられた神だ」とかいうつもりはありません。それは絶対

にない。「つくられた神」であるならば、これだけ多くの人々に、時代を超えて愛されるはずがない。それに天武天皇は、壬申の乱を起こすにあたって、伊勢の地でアマテラスさんを遥拝し、それによって絶大な力を得たという話もあります

ス　…結局、お前はなにがいいたいんや？

あ「天皇である自分はアマテラスの直系子孫であり、アマテラスこそ最高神である」ということの証明と、そのことによって人々の心を掌握し、円滑な国の統治を実現していく。それは「王」として国を治めていくために、絶対に必要なことだったと思います。そのために古事記をつくる必要があり、ただそれによって煽（あお）りを受けさせざるを得なかった神々がいる、ということです。それがその当時、全国的に圧倒的な数で祀られていた瀬織津姫さんであり、おそらくニギハヤヒさんであり、そしてタケミナカタさんも…

ス　…お前が感じて話している、その言葉に対して正しいか正しくないかは、俺はいわんぞ。…つづけろ

あ　なん度もいいますが決して、古事記に登場する神さまが偽者だとか、古事記に描かれている物語が嘘（うそ）だとか、そんなことをいいたいんじゃないんです。ただスサノオさんと

道真さんにいわれたように、古事記がつくられた時代の「人間」の背景、そして感情というものをすくい上げると、これが僕が感じたことだ、というだけなんです

ス　…そうか…、それがわかってるのなら、俺からなにもいうことはない。えぇか、いつもいってるけど、神に答えはない。お前がお前の心のなかで、映し出すものが神となる。神話はあくまで神話でしかない。それを書いたのも人間である。そのことを忘れず、自分自身が「感じた」神の世界を信じることの大切さを、そしてお前がこうして伝えることですらもある意味の「神話」であることを、いつまでも忘れるな

あ　…はい…

ス　まぁお前のいっていること、感じていることはわかった。そのうえでこれからの旅を進めていこう。なん回もいうけど、「正しい正しくない」に、決してとらわれるな。お前がやっていることが神の道、人の道に即していれば、そこに人の共感は集まり、自ずと道は拓(ひら)かれていく。そうでなければ、必ずどこかで行き詰まるというだけの話や

あ　…わかりました…

…。

……。
………。
…………。

途方もない緊張感の連続を終えて、かつてこの国の未来を案じ、自らの信念とともに王となった男が立ちあがったこの吉野の地には、強い風が吹いていた。
決して悪の色ではない。猛々(たけだけ)しくて芯のある、それでもどこかもの悲しさを感じさせるひとりの男の風だった。

そして旅は次に、その天武天皇の妻であり、「史上最悪の女帝」と呼ばれた持統天皇の魂が鎮まる地へとつづいていく…。

□■□■□

今回登場した宮滝遺跡の紹介

所在地：奈良県吉野郡吉野町宮滝

交通アクセス：大和上市駅からバスで 15 分（湯盛温泉杉の湯行き「宮滝」下車）

□■□■□

第14話　史上最悪の女帝

前回までの話で、僕らは瀬織津姫とニギハヤヒの痕跡を辿(たど)るべく、吉野の地に辿り着いた。
そこで感じたのは、瀬織津姫を封印する、きっかけになったのではないかという、天武天皇の存在。その魂に触れ、そして僕らは次に、天武天皇の妻でありその後を継いだ、持統天皇のもとへと向かった。

車中でのスサノオさんとの会話。

あ　持統天皇…。一部では瀬織津姫はじめ、多くの神々を封印した「史上最悪の女帝」…とかいわれていますね…

ス　…まぁそれは過去をどう切り取るかで、いかようにも変わる話やけど。お前の見解はどやねん？

あ　…僕なんかが偉そうなことは、決していえないのですが…。思いとしては、天武天皇のときと同じです

ス　同じ、とは？

あ　天武天皇…。「壬申の乱」という史上最大の内乱を勝ち抜き、新たな天皇の地位とともにその後の激動の時代を生き、この国の礎を築かれた方…。そしてその妻、第41代天皇持統天皇…。僕はこの方は…、天皇である前に、「妻」だったと思うのです

ス　どういうことや？

あ　少し調べた程度で恐縮なのですが持統天皇、天皇になる前の名は、鸕野讃良（うののさらら）。この方は天武天皇の先代、天智天皇の娘だったらしいですね

ス　………

あ　しかしその実の父である天智天皇の、政治的な都合と圧力によって母方の祖父が自殺し、またそのことに心を痛めた母がすぐに病死してしまうという、幼いころの経験があるそうです

ス　…それで？

あ　その後13歳で、のちの天武天皇となる大海人皇子と結婚。天武天皇は鸕野讃良を誰よりも大切に愛し、数々の全国行脚にも多く随行させ、その過程のなかで、いつしかふたりは盟友と呼ばれるほどのパートナーとなっていったそうです。しかしその、最愛の天武天皇すらも…

ス　………

あ　息子である大友皇子に後を継がせたかった天智天皇とその周辺の圧力によって、天皇の座を無念のままに放棄せざるを得なくなり、そして、この吉野の地に隠棲させられた。鸕野讚良は、この吉野での隠棲にすらも、天武天皇を見捨てることなく、子どもを連れて付き従ったといいます

ス　……

あ　そして、「壬申の乱」。先代天智天皇時代の専制と腐敗していく国の行く末に、義憤に駆られた天武天皇の手によって起きた日本史上最大の内乱。この内乱である壬申の乱にすらも、鸕野讚良は女性でありながら、計画から実行に至るまで関わったというふうにいわれています。これまでの過程で僕はもはや、天武天皇と鸕野讚良は夫婦を超えて、切っても切り離せない盟友の仲になっていたのだと思うのです

ス　…で、なにがいいたいねん？

あ　そして壬申の乱に勝利し新たに王となった天武天皇は、傾きかけたこの国を建てなおすために、律令の作成や官制改革、神道、仏教の体系化などを含めて、奔走。前に話した古事記や日本書紀をつくることで、自分たちを「最高神アマテラスの直系子孫」として周知することで、王として

の権威づけをすることも含めて…。そして、その傍らにはいつだって、「盟友」鸕野讚良の存在があった。しかし…

ス　………

あ　天武天皇はその命が尽きるまでに、すべての改革を成し遂げることができなかった

ス　………

あ　「神や歴史の背景を知るには、知ることではなく感じることを大切にしろ」と、スサノオさんにもタケミナカタさんにもいわれました。…それならばこの時の、鸕野讚良の思いに、気持ちを馳せるならば…

ス　………

あ　僕ならば、愛した人の思いを、その悲願を受け継ぎ、達成するために立ち上がると思います。そしてそれは天皇である前に、天武天皇のひとりの妻として、生涯を付き添った盟友として、最愛のパートナーとして。そして鸕野讚良は、天武天皇の意志を受け継ぐために「女帝」持統天皇となった。この気持ちと決断を、誰が責められるのでしょうか？

あ　…僕はこの時の持統天皇の気持ちを思うと、「史上最悪の女帝」という言葉を…、どうしてもつかう気になれないんです…

ス　………

…そして車は、宮滝遺跡から約30分の道のりを経て、奈良県は明日香村にある、「天武・持統天皇陵」に着いた。

ここではかつて盗難被害に遭うまでは、持統天皇の遺骨が夫の棺に寄り添うように、銀の骨つぼに収められていたという。ゆるやかな階段を上がり、少しの高台に上がると、そこに…「天武・持統天皇陵」が現れた。

空は曇り冷たい風が吹くなか、僕の気持ちは、先ほどまでスサノオさんに話していたような、「強き女」「史上最悪の女帝」でいなければならなかった持統天皇の心に思いを馳せるばかりだった。

持統天皇にとっては、夫であり盟友、天武天皇の存在こそがすべてだった。
僕のその心の声に、呼応するように、そこに…。
…。
……。
………。
…………。
持統天皇の魂が現れた。

あ　こ、こんにちは…

ス　………

持統　………

…気の強そうな見た目と、その発する空気から伝わってくる芯の強さ。
…それでも同時に、天武天皇からも感じられた、少しのもの悲しさもまた伝わってきた。

一体このもの悲しさの正体は、なんだろうか？

持統　…あなたは…？

あ　は、初めまして…。あ、あの…荒川、祐二と、申します…

持統　…なんの御用で…？

あ　あ、す、すいません…

…この時僕は、今自分の心に思い浮かんだ言葉をそのままいっていいものか、悩んでしまった。

…でも、神や魂に駆け引きは必要ない。ウソなどついたところで、すべてが透けて見えるのだから。そう意を決した僕は、今の自分の気持ちを正直に伝えてみた。

あ　…今、瀬織津姫さんと、ニギハヤヒさんを巡る旅に出ているのです。ここに来させていただければ、なにか手がかりが見つかるかと思って…

持統　…瀬織津…姫…ニギ…ハヤヒ…？

僕のその質問に、持統天皇がそう小さく呟(つぶや)くと…。

あ　…え!?

同時に持統天皇が苦しそうに呻(うめ)き声を上げて、その姿を消しはじめた。

持統　…うぅぅぅぅぅ…

あ　え！？！？え！？！？！？

持統　聞きたくない、聞きたくない…。その名前は聞きたくない…。祟(たた)り…、祟り…が…、ニギハヤヒの祟りが…

…その言葉だけを残し、持統天皇は苦しそうに姿を消していってしまった…。

一体なにが起きたのか、わからない…。あっという間の出来事のなか、混乱だけが頭のなかを駆け巡る。

あ　な、なんで…どうして…？
ス　………

…。
……。
………。
…………。
この旅は一体僕を、どこへ連れて行こうとしているのか？
神話と歴史、神の世界と人の世界を行き来しながら、時空を超えたこの旅は、まだまだ先の見えない未来へと進んでいく。

歴史の断片と、ひとつひとつの言葉を手がかりに、いつか見つかる答えのために。

□■□■□
今回登場した天武・持統天皇陵の紹介
所在地：奈良県高市郡明日香村野口
交通アクセス：飛鳥駅から徒歩15分
□■□■□

第15話　天照という名のニギハヤヒ

持統　聞きたくない、聞きたくない…。その名前は聞きたくない…。祟り…、祟り…が…、ニギハヤヒの祟りが…

瀬織津姫とニギハヤヒを封印したといわれている、「女帝」持統天皇の嘆きの声を受けて、僕の心は固まった。

「まずは謎多き神、ニギハヤヒの正体に迫る」。

しかし、そのためにできることとは…？

持統天皇は、「ニギハヤヒの祟り」という言葉を発した。その言葉を受けて、歴史をもう一度調べなおしてみて驚いた。

瀬織津姫とニギハヤヒの封印を実行したといわれている、持統天皇の夫であり先代の天武天皇、そしてその後を継いだ持統天皇。
その晩年は、未曽有の天変地異が連続していたと、古事記と並ぶもうひとつの日本神話、「日本書紀」にはそう記されている。

そこに書かれている天変地異や不吉な出来事をザッと述べるだけで、島がもうひとつ出来上がるほどの大地震に大津波、7つの星が東北の方向に落下し、その2日後に雨のように隕石が地上に落下。4本足の鶏の発見や12本の角をもつ不気味な子牛の誕生、大量の灰が空から降ってきて、信濃国の草木が全滅。
そして天武天皇の後を継ぐはずだった、息子草壁皇子が即位目前にして病死…。

やむなく、天武天皇の妻であった持統天皇が後を継いだものの、そのまた後を継いだ孫の文武天皇はわずか24歳で死去…。

もはやなにものかの「祟り」としか、いいようのない物事の連続だったという。

それが持統天皇のいう、「ニギハヤヒの祟り」だったのか？

そんなことを思っていると…？

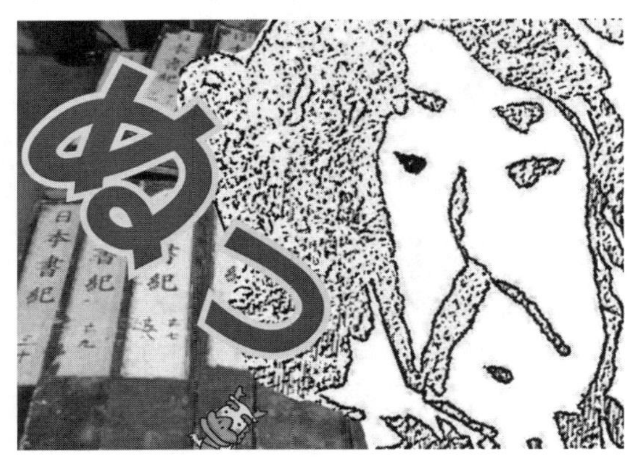

あ　どうも

ス　なにをキモい顔して、むずかしい顔してんねん

あ　瀬織津姫さんとニギハヤヒさんの正体がわからなくて、四苦八苦してましてね…

あ　それは「ピクニック」や。なんで瀬織津姫さんとニギハヤヒさんの正体がわからなくて、ピクニックすんねん。ワシは愉快か。そんなふうに楽しく旅がしたいもんや

ス　それはそれとしてや、お前、これからどないすんねん？

あ　どないする、とは？

ス　この旅や。どこを目指していくねん？

あ　ん〜…。瀬織津姫さんのことを知ろうにも、今はまずニギハヤヒさんの正体を知らないことには、前に進まないと思っています。でもそれには、どうしたらいいのか…

ス　あいつに聞いたらええがな

あ　あいつ？

ス　ニギハヤヒの弟や

あ　あー!!　天孫ニニギさん!!　確かに！　箱根神社に行ったとき、ニギハヤヒさんのこと、「兄ちゃん」っていってた!!　なにか教えてくれるかも!!

…。

……。

………。

…………。

そうして僕らは一路、車に飛び乗り約１時間半（東京からは結構近いのよ）。

大雨のなか、ニニギさんのいる箱根神社へ。

ペコリ、ペコリ、パンパン、ペコリ。
（本殿にて二礼二拍手一礼）
そして、そこに…？

ニニギ　やっほ〜!!　イエー!!　ラブ＆＆ピース!!

天孫ニニギさんが現れた。

あ　ニニギさん、こんにちは

ス　相変わらずチャラいの、お前は

ニニギ　誰がチャラいだ。僕は天孫だぞ。それよりもどうしたの？　いつもより湿気(しけ)た顔して

あ　誰が「シケメン」や。単刀直入にいいます。ニニギさんのお兄さんである、ニギハヤヒさんの正体がわからなくて苦労しています

ニニギ　そうなの？　でも残念、僕も会ったことないんだよね

あ　マジか（ガクッ）

ニニギ　だって僕が生まれるより前にこの地に、天孫降臨しちゃったから

あ　それいくつかの神話で見た気がするんですけど、本当なんですか？

ニニギ　うん。まぁ古事記には書かれていなくても、ほかの神話には書かれていたりするね。そういうことがあるから、兄ちゃん（ニギハヤヒ）のことを知りたいのなら、ちゃんと古事記以外の神話も読み込んでみな。その書かれている中身のすべてが正しくはなくても、ひとつひとつの神話のなかの物語や言葉の断片を拾い上げて比較してみると、意外に真実が隠されていたりするから（ドヤッ!!）

あ　…ひとつひとつの神話のなかの物語や、言葉の断片を比較する…。……なるほど!!　ありがとう！　ニニギさん!!

…天孫ニニギさんのその言葉に従い、家に帰って早速、これ

まで読んできた神話のなかで、ニギハヤヒという神が天孫降臨をして登場するという主な神話の特筆すべき部分を比較しながら、視点を変えて読み比べてみた。
（※ここから少しだけ、話がややこしくなるかもしれません。極力、わかりやすくお伝えできるように頑張ります）

まずは、「古事記」。

以前も述べたが、ここではニギハヤヒが天孫降臨をしたという記述はないが、「邇藝速日命」という神名で、初代神武天皇が東征（日向の地を発ち、大和を征服して橿原宮で即位した出来事）において、宿敵ナガスネヒコとの最終決戦に勝った後に、天から持ってきた宝物を神武天皇に捧げ、その軍門に下った神として登場する。

そして、「日本書紀」。

ここではニギハヤヒは「饒速日命」という神名で、アメノオシホミミ（アマテラスの息子であり、ニニギの父）の子として、神武東征より前に天磐船に乗って、河内国（今の大阪府）に降臨した神だという。その後の顛末は、古事記とほぼ同じ。
そしてもうひとつ。

「先代旧事本紀」という神話では…、

あ　……スッさん
ス　ハイ
あ　邪魔や
ス　ハイ、スイマセン…

…気を取りなおして、「先代旧事本紀」という神話のなかでは、ニギハヤヒは「天照国照彦天火明櫛玉饒速日尊（あまてるくにてるひこあまのほあかりくしたまにぎはやひのみこと）」という、とんでもなく長い神名で、日本書紀同様に天磐舟に乗って、三二柱の神をはじめ、多くの随神を伴って、河内国に降臨したという。

…ハッキリいって、これだけでは意味がサッパリわからないが、こうして比較して見てみると、ひとつだけ心に引っ掛かるワードがあった。

それはこの「先代旧事本紀」に記載されている、ニギハヤヒの神名、「天照国照彦天火明櫛玉饒速日尊」の「天照」という部分。

読み方は「あまてる」でも、漢字は、「天照（アマテラス）」と同じである。
これは一体、なにを意味しているのか？

そして同時にこの時、先日色んな神話を読み込んでいた時に読んでいた、もうひとつの神話のことを思い出した。
その名は、「ホツマツタエ」。

古事記・日本書紀の原典となった書物といわれているが、そこでは女神ではない、
「天照神（アマテル）」という男神が登場する神話が描かれている。

そしてそのホツマツタエに登場する、「天照神」の妻の名が…「瀬織津姫」。

ニニギさんの言葉どおり、それぞれの神話の中身すべてが正しいものではなくとも、ひとつひとつの言葉や物語の断片をつなぎ合わせて辿ってみると、見えてくるものがある。

そう。次に僕は、このもう一柱の「天照」の存在を探す旅に出る。
きっとそれが、謎多き神「ニギハヤヒ」、そして「瀬織津姫」という存在の正体につながっていくはずだから。

確信とともに、謎に包まれ続けた分厚い雲間に、「天照」という言葉の一筋の光が射していよいよ、膠着していた物語が動き出す。

第16話　女神アマテラスと男神アマテル

前回までの話で、「謎の神」ニギハヤヒに関して書かれた神話を読み比べるなかで、あるひとつの記述が目に入った。

それは「ホツマツタエ」という神話のなかに描かれている、瀬織津姫の夫神である神の名前が、「天照大御神（アマテラス）」と表記を同じくする、「天照神（アマテル）」であるということ。

そしてもうひとつの神話、「先代旧事本紀」という神話に記載されている、ニギハヤヒの神名が「天照国照彦天火明櫛玉饒速日尊（あまてるくにてるひこあまのほあかりくしたまにぎはやひのみこと）」であり、「天照」という字を冠しているということ。
一体これは、なにを意味しているのか？

その答えを探るべく僕らは、天孫ニニギさんの前に、ニギハヤヒが多数の神を引き連れて降臨したという伝説をもつ地、大阪は交野市にある、磐船神社に降り立った。

ここの由緒書きに記載されているご祭神は、その名も、
「天照國照彦天火明奇 (櫛) 玉饒速日尊」。

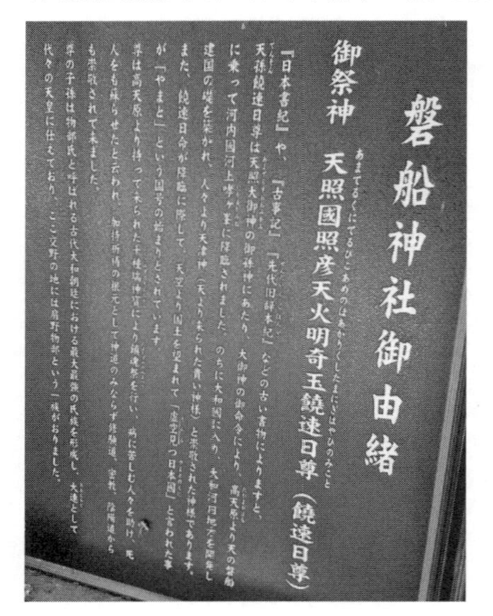

確かにここに…ニギハヤヒはいる。

しかし、ニギハヤヒという神に対する僕自身の「正しき理解」がなければ、参拝したところで、姿を現してくれることも接することも許されないのは、もうこれまでの経験でわかっていることだった。

では、ニギハヤヒという神に対する、「正しき理解」とは一体なにになるのか？

これまでの僕の浅い知識でわかっているのは、ニギハヤヒとは、瀬織津姫のかつて愛した夫であり、天照の孫ニニギさんのお兄さんであり、その名に「天照」を冠するということ。

それと同時に、ニギハヤヒについて近年よくいわれることとして先ほどいった神話「ホツマツタエ」のなかの、男神としての「天照」という表記から、「太陽神 天照（アマテラス）はもともと男だった！　それを天武天皇、持統天皇が自分たちの血族の権威を示すために、新しい皇室の祖先女神 天照をつくり出して、もともと存在していた男神 天照＝ニギハヤヒを上書きして封印した！」ということ。

僕は本音をいうとあまり、この説にはピンと来ていない。

その理由のひとつは、これは完全な僕の主観になって申しわけないが、「女神 天照」がもしつくられた信仰やつくられた神というのであるならば、数千年という時を超えてここまで愛されつづけるのだろうか？　ということが、僕が今「女神天照」に対して、抱いている思いだった。

そして現に、このもうひとつの「天照」の名を冠する、「天照国照彦天火明櫛玉饒速日尊」を祀る、ここ磐船神社の由緒書きにもきちんと、「天孫饒速日尊は天照大御神のご孫神にあたり、大御神の御命令により、高天原より天の磐船に乗って河内国に降臨されました」と記載されている。

そう考えると、「女神 天照大御神」も、「男神 天照国照彦天火明櫛玉饒速日尊」も、両方ともに存在する。

では、この「天照国照彦天火明櫛玉饒速日尊」とは、一体なにものなのか？

…その答えが、今の僕にはよくわからない。
…疑問が解けないながらも、とりあえず参拝をしようと思い、拝殿の前に立つ。

ちなみにこの磐船神社は、ニギハヤヒが天から降臨する際に乗ってきた「天の磐船」。拝殿の背後にそびえる高さ約12メートル、長さも同様に約12メートルの舟の形をした巨岩を、ご神体としている。
その「天の磐船」を望みながら、とりあえず今ある浅い知識のなかで、「ニギハヤヒ」という神さまを思い浮かべて、参拝をしてみる。

ペコリ、ペコリ、パンパン、ペコリ。
(二礼二拍手一礼)

…しかし、こんな疑問ばかりの頭では…。

…。

……。

………。

…………。

やはり…現れてくれるはずもない…。

まだ僕の知識としては、「女神 天照(アマテラス)と男神 天照(アマテル)が違う」ということがわかった程度で、そんな程度の理解では、ニギハヤヒという神に対しての「正しい理解」には至れるはずもない、ということなのだろう。

…しかし、ニギハヤヒの正体に迫る、なにかしらの次のきっかけだけでも掴まないことには、ここに来た意味がない。
…どうしたものかと、拝殿を見上げて考えていると、どうしても拝殿裏にそびえる、「天の磐船」が目に入ってくる。

あ　スサノオさん…

ス　ん？

あ　…それにしてもニギハヤヒさんって、でっっっっかい岩に乗って降りてきたんですね…

ス　…ん？　まぁ先代旧事本紀の中にも書かれてるけど、そら三二柱の天つ神をはじめ、合計七三柱の随神。そこにさらに、武装した兵隊も引き連れて、降りてきたんやから。とんでもない大陣容よ

あ　…こわ…（笑）だから以前お会いした、ニギハヤヒさんに付き従って降りてきた部下、「アメノシタハル」さんも武装していたのか…

ス　そういうことやわな

あ　…って、ん？　そういえば先代旧事本紀に書かれている、ニギハヤヒさんが従えてきた三二柱の「天つ神」のなかに、僕が知っている名前の、「天つ神」も何柱かいらっしゃいましたよね？

ス　さぁな、そんなもん自分で調べろ

あ　………

…。

……。

………。

…………。

…「謎の神」ニギハヤヒの正体は、いまだに雲がかって見えてこない。

その時ふと拝殿から視線を外すと、僕の後ろ脇に文字の刻まれた岩が目に入って来た。

そこには、ニギハヤヒがこの地に降臨する際に、天空より国土を望み、「虚空見つ日本の国」といい、そしてそれがこの国のかつての「ヤマト」という国号の始まりだという、「日本書紀」「先代旧事本紀」にも描かれている伝説が刻まれていた。

…この伝説はおそらく、初代神武天皇が、現代までつづくこの国の礎「ヤマト王権」を成立させるより前の話。なぜなら古事記をはじめとするさまざまな神話では、神武天皇が「ヤマト」の地に到達した時には、すでにそこに「ニギハヤヒ」という神がいたという表記があるからだ。

「女神 天照とともに存在する、天照国照彦天火明櫛玉饒速日尊」、「大量の軍勢とともにこの地に降臨し、初代神武天皇よりも先に、この国をヤマトと名づけた謎の神ニギハヤヒ」。「そしてその妻であり同じく伝説の女神、瀬織津姫」。

必然の流れのなかで携わることになった、息を呑むような壮大すぎる二柱の伝説の神に向かう旅はつづいていく。交錯する神話と人の歴史の断片を、拾い上げながら。

□■□■□

今回登場した神社の紹介

磐船神社

所在地：大阪府交野市私市9丁目19-1

交通アクセス：京阪交野線「私市駅」下車 京阪バスまたは奈良交通バスに乗換「磐船神社前」バス停下車

□■□■□

第17話　アメノウズメさん？が登場！

「ニギハヤヒが鎮まる地」である、大阪府交野市磐船神社に行った僕たち。

そこでは残念なことに、まだニギハヤヒという神に対する「正しい理解」を得られていないことから会うことはかなわなかったが、かすかな手がかりをもとに次の物語へと足を進めていく。

磐船神社で思いついた、次に僕らができることというのは、ニギハヤヒはこの地に「天孫降臨」する際に、三二柱の天つ神をはじめ合計七三柱もの随神を従えて、巨大な天の磐船に乗って降りてきたとのこと。

実はニギハヤヒについて、もっとも詳しく書かれている神話「先代旧事本紀」には、この三二柱の「天つ神」はじめ七三柱の神々の名前がすべて記載されている。

…僕の記憶によれば、確かそのなかに何柱か、僕も知っている「天つ神」の名前があったような…。

…え〜…ここからニギハヤヒとともに降臨した、三二柱の「天つ神」を一気に列挙しますが、絶対に覚えられないので流してください。
…それではどうぞ…。

＊＊＊＊＊
・アメノカゴヤマノミコト
・アメノウズメノミコト
・アメノフトダマノミコト
・アメノコヤネノミコト
・アメノクシダマノミコト
・アメノミチネノミコト
・アメノカムタマノミコト
・アメノクノノミコト
・アメノヌカトノミコト
・アメノアカルタマノミコト
・アメノムラクモノミコト
・アメノセオノミコト
・アメノミカゲノミコト
・アメノツクリヒメノミコト
・アメノヨムケノミコト
・アメノトマネノミコト

・アメノセトメノミコト
・アメノタマクシヒコノミコト
・アメノユツヒコノミコト
・アメノカンムスヒノミコト
・アメノミクダリノミコト
・アメノヒノカミノミコト
・アメノチハヤヒノミコト
・アメノヤサカヒコノミコト
・アメノイサフタマノミコト
・アメノイキシニホノミコト
・アメノイクタマノミコト
・アメノスクナヒコネノミコト
・アメノコトユツヒコノミコト
・アメノウワハルノミコト
・アメノシタハルノミコト
・アメノツキノカミノミコト
＊＊＊＊＊

……はい……。
全っ然、わからへん。
しかぁし！しかし!!しか、しか！しかぁし!!

そんななかでも馴染みがある名前が、いくつかあるのでアール!!

そう、それは序盤に登場する二柱の神。アメノウズメさんとアメノコヤネさん。

あ　ひゃっほーう!!　ウズメ姉さんがいるのなら、ウズメ姉さんに聞けばOKじゃん!!　この夏の旅で会ってるし！　コヤネさんだって、知らない仲じゃないし

ス　………

あ　…なんですか？　なに黙ってるんすか？

ス　…まぁ、ええんちゃう。行ってみたら

あ　………

…スサノオさんのノリの悪さに、少しの疑問を感じながらも、僕らは車に乗って、大阪から約2時間。アメノウズメさんの鎮まる、三重県は椿大神社(つばきおおかみやしろ)へ。

夏の旅で来た時には、ここの本殿で猿田彦さんとウズメさんにお会いしたが、今回は本殿とは違う、ウズメさんが主祭神として祀られている「別宮 椿岸(つばきぎし)神社」へ。

ここはなんと、全国のウズメさんを祀る神社の総本宮だという。

ペコリ、ペコリ、パンパン、ペコリ。
(二礼二拍手一礼)

あ　ウッズメさん♪　ウッズメさん♪
ス　………
…そして…？
ニギハヤヒさんに従って、ともにこの地に降臨してきたというアメノウズメ…さん？が…現れた？

あ　（な、なんか…いつもと色が違うような…）

ウズメ　………

あ　（あ、あれ…？　テンションも低い…？）ウ、ウズメさん、こんにちは…

ウズメ　………

あ　…？

ウズメ　あなた、誰？

あ　ガビーン!!!!

ス　（リアクションがダサい…笑）

あ　な、なんで、ウズメさん、なんで、どうして…!?　あの僕とともに親密に過ごした、暑い夏の日々はいずこへ!?

ス　そんな親密な過ごし方はしてへんやろ（笑）。えぇか、ハゲ頭。お前今、「この」ウズメに対して、なにを思っている？

あ　なにを思っているって…？

ス　「どんな印象を持っているか？」ということや

あ　「どんな印象」って…。ニギハヤヒさんに付き従って、ともに降臨してきたという、アメノウズメさんでしょうが…

ス　それ

あ　どれ？

ス　その時点でお前は夏の旅の「ウズメ」と、今の「ウズメ」の印象を変えてしまってるねん。だから違った形のウズメを、お前は今映し出してしまっている。夏の旅の時はお前、どんなウズメをイメージしていた？

あ　「天岩戸開き」の時に妖艶な舞を舞って、神々を大いに笑わせて、アマテラスさんを救い出すきっかけをつくった、天界のアイドル

ス　じゃあ、今は？

あ　謎の神 ニギハヤヒさんに付き従って、ともに降臨してきた「三二柱の天つ神」の一柱、アメノウズメさん…

ス　ほれ、お前の持つイメージが変わっとるがな。だからウズメは今、お前の考え方と、知識レベルに合わせた形で現れてんねん。えぇか。いつもいってるけど、神を映し出すのも、神がお前に伝える言葉も、いつだって、鏡やフィルターとなる人間の心ありき。お前の心持ちが変われば映し出し方も変わるし、知識や知恵、経験、魂レベルが変わると、それに応じて神から伝えられる言葉も、貸してあげられる力も変わる。だからこそ逆にいえば、お前が毛筋ほども知識のない分野に関することを、神が天の啓示のように手取り足取り、1から答えを教えてくれるということはないと思え

あ　うぅぅぅぅぅ〜…。それって、自分の成長ありきってことでしょぉぉぉぉ…。わかってますってぇぇぇぇ、わかってますけどぉぉぉぉ、ちょっとぐらい、甘やかしてくれてもいいじゃないですかぁぁぁぁ…

ス　あかん。それはお前の成長につながらん

あ　…じゃあ、この調子で、アメノコヤネさんのところに行っても…

ス　一緒やろうな。ニギハヤヒという神に対して、まだ正しい理解の入り口にも立てていないお前が、「面識のある神」というだけでウズメやコヤネに甘えて、知識のない分野の教えを乞おうとしても、その答えを教えてくれることはない

あ　…じゃあ、僕はどうじだらいいんでずがぁぁぁぁぁ…

ス　自分で考えろ。お前が考えて動くその結果に、俺たち神は最大限のサポートをする。その道が誤りそうなら軌道修正をする方向にもっていくし、人の道、神の道に即した正しい道へ進んでいけそうならば、うまく流れに乗るように縁をつないだる

…。
……。
………。
…………。

…さて、どうしたものか…。思わぬところで壁にぶつかった『スサノオと行く瀬織津姫、謎解きの旅』は、「僕自身の成長」という毎度毎度突きつけられるテーマに沿って、必死に次の未来へと進んでいく。

□■□■□

今回登場した神社の紹介

椿大神社

所在地：三重県鈴鹿市山本町字御旅 1871

交通アクセス：JR 四日市駅から、三重交通バス「椿大神社」行き

□■□■□

第18話　感じる力を養う

今日は直接の旅の進行の話ではないが、自然に触れることを目的に、僕らは東京のほぼ西端、山と自然に囲まれた村檜原村にある滝に到着した。

駐車場から徒歩15分のところにある、目的地の「払沢の滝」へ向かう道中の、スサノオさんとの会話。

あ　…それにしても、なぜここに？

ス　最近のお前を見ててな、思うことがあんねん

あ　…？　なんでしょう…？

ス　顔がキモい

あ　それはいつものことや。っていつものことでもないわ、やめろや

ス　（笑）まぁそれは冗談としてやな。最近のお前を見てて、「感じる力」が落ちてるように思うねん

あ　「感じる力が落ちている」…とは…？

ス　この「瀬織津姫を巡る旅」はさ、去年の夏の旅に比べて、圧倒的に知らなければいけないこと、勉強しないといけないことが多いやん？

あ　…そうですね…。「瀬織津姫さん、ニギハヤヒさん」の話は、僕より先に書いている方がたくさんいらっしゃるから、礼儀の意味でも、絶対に適当なことは書けませんし…。ただそうやって考えると…、プレッシャーも大きいです

郵便はがき

切手をお貼りください

106-8790
018

東京都港区西麻布3-24-17
広瀬ビル2F

株式会社
ヴォイス 出版事業部

1068790018　10

情報誌「Innervoice」を1年間無料進呈!

「Innervoice」購読用の会員登録を　□希望する　□希望しない　□登録済み

★「Innervoice」は当社からお客様への商品やセミナーなどの情報提供を目的としています。

お名前	フリガナ	男・女	会員番号
ご住所	〒□□□-□□□□ ※会員登録を希望されない方は、住所欄を空白にしてください。		
TEL		FAX	
携帯等		email	
生年月日（西暦）	年　月　日	年齢	
お買上書籍名			
購入した書店名（○○市△△書店またはインターネットサイト名）			

※ご記入いただいた個人情報はこの他の目的には一切利用しません。

読者アンケート

◆読みたい本のご希望など、皆様の声を「編集部」に届けられます。

①本書をどこで知りましたか?

- □書店店頭
- □Innervoice
- □雑誌の記事など
- □友人から聞いて
- □インターネット

②本書について

内　　容……	□良い	□普通	□いまひとつ
デザイン……	□良い	□普通	□いまひとつ
本の大きさ……	□大きい	□普通	□小さい
価　　格……	□妥当	□高い	□安い

③今後扱って欲しい本のジャンルはありますか?

④最近読んだ中で印象に残った本は?(他社含む)

⑤本書をお読みになってのご感想は?

※弊社WEBサイトなどでご紹介する場合があります。ペンネームのご記入がない場合は、都道府県と年代、性別を表示します。

ペンネーム[　　　　　　　　　　]

このハガキで本のご注文ができます。 ※ご注文には表面のご記入が必要です。※別途送料が必要です。

書名		冊
書名		冊
書名		冊

お支払方法:代引　送料:一律648円(税込) ※一部、島部·郡部は1944円(税込)

※通常、お届けまで1週間前後かかります。

ス　そう。それは決して悪いことではないし、絶対的に必要なことやねん。
ただそれがゆえに、考える力ばかりに偏ると、「感じる力が衰えますよ」って話。そしてその心の状態では、真実の神の姿を映し出せない、ということでもある

あ　…そうなんですか…？

ス　あぁ。いつもいってるけど、神というものは考えるものではなく、「感じる」もの。古代よりそれぞれが「感じた」ものが、さまざまな形で祀られて、神になってきたんやから。そら知識は絶対に必要やで？　でもそれを「答え」としてしまうと、人からの知識というフィルターがかかってしまって、感じることによってこそ無限の側面を表す神の姿は見えへんよ？　って話。って、すごっ

あ　すごっ。…なるほど…。そういう意味では、確かに最近感じる力は、落ちているのかもしれません…

ス　だからこの旅では、勉強をしているお前に、しきりに俺は、「外に出ろ」「外に出ろ」というてんねん。時間が空いたなら、こうして外に出て自然に触れて、その神秘と奇跡を感じ、古代の人たちが神を「感じた」気持ちを、お前も感じろ。その上に、知識を合わせろ。その基盤となる、繊細で敏感な心を養うことこそが、これからニギハヤヒと、瀬織津姫という神を巡るうえで、必要になってくる

あ　は、はい…

…そんな話をしているうちに、見えてきた「払沢の滝」。
…そこには…？
…。
……。
………。
…………。

あ　うぁ…

あ　…す、すごすぎる…

ス　どうや？　わかるか？　これが古代の人々が神を「感じた」原点である、自然の神秘よ

あ　…はい…。もう感動しすぎて、言葉が出ないです…

そういうと同時に、気づけば僕の目からは涙が溢れ、無意識に「ありがとうございます…」と呟いていた自分がいた…。

ス　そう…その気持ちや…。自然の神秘のなかで、「生かされている」と思う気持ち。決して「生きている」のではなく、「生かされている」。そのことを感じ、必然的に自然に頭を下げて、謙虚な気持ちで日々を生きる。それが「神とともに歩む」ということであり、瀬織津姫やニギハヤヒというのは、その時代の信仰のあり方を象徴する神であるということを忘れるな

あ　…はい…

…。

……。

………。

…………。
ついついこの現代に生きていると、忘れてしまうことが多いけど、本来僕ら人間も「自然」の一部。そのことを忘れて、つい自分の力で「生きている」と思ってしまうけど、何億年以上も前からつづく自然の神秘や調和の奇跡の上に、僕らは「生かされている」ことを、いつまでも忘れてはいけない。

考える力ではなく、「感じる」力を大切に。知識だけに傾きかけていた軸を戻し、瀬織津姫とニギハヤヒという神さまを巡る旅は続いていく。

□■□■□

今回登場した払沢の滝の紹介

所在地：東京都西多摩郡檜原村本宿 檜原村本宿
交通アクセス：JR 武蔵五日市駅から西東京バス「払沢の滝入口」、「藤倉」、あるいは「払沢の滝入口経由」、もしくは「やすらぎの里経由」の「数馬」行きに乗車。「払沢の滝入口」バス停で下車（乗車時間約 25 分）。バス停より徒歩約 15 分

□■□■□

第19話　この世の始まりを告げる神

先だっての話で、「謎の神」ニギハヤヒは、三二柱もの神さまを引き連れて、この地上に降臨したということを知った。

その三二柱のなかに、アメノウズメさん、アメノコヤネさんをはじめ、何柱か知っていた名前の神さまがいたものの、「古事記に登場するアメノウズメ」としての知識はあったとしても、「ニギハヤヒの随神としてのアメノウズメ」という知識がなかったため、普段と感じの違うウズメさんを訪れても、まったく相手にしてくれなかった。

さて、どうしたものか…?

「どうしたものか」といっても、しかし今の僕には、その三二柱の神々を追うことぐらいしか、「謎の神」ニギハヤヒに至る手がかりがない。

ニギハヤヒの随神32柱
＊＊＊＊＊
アメノカゴヤマノミコト、アメノウズメノミコト、アメノフトダマノミコト、アメノコヤネノミコト、アメノクシダマノミコト、アメノミチネノミコト、アメノカムタマノミコト、アメノクノノミコト、アメノヌカトノミコト、アメノアカルタマノミコト、アメノムラクモノミコト、アメノセオノミコト、アメノミカゲノミコト、アメノツクリヒメノミコト、アメノヨムケノミコト、アメノトマネノミコト、アメノセトメノミコト、アメノタマクシヒコノミコト、アメノユツヒコノミコト、アメノカンムスヒノミコト、アメノミクダリノミコト、アメノヒノカミノミコト、アメノチハヤヒノミコト、アメノヤサカヒコノミコト、アメノイサフタマノミコト、アメノイキシニホノミコト、アメノイクタマノミコト、アメノスクナヒコネノミコト、アメノコトユツヒコノミコト、アメノウワハルノミコト、アメノシタハルノミコト、アメノツキノカミノミコト
＊＊＊＊＊

そう思ってあらためて上記のような、チンプンカンプンな名前の神さまたちを調べていくと…。

あ　…ん？
一柱だけ、どうにも引っ掛かる神さまがいた。
あ　スサノオさん

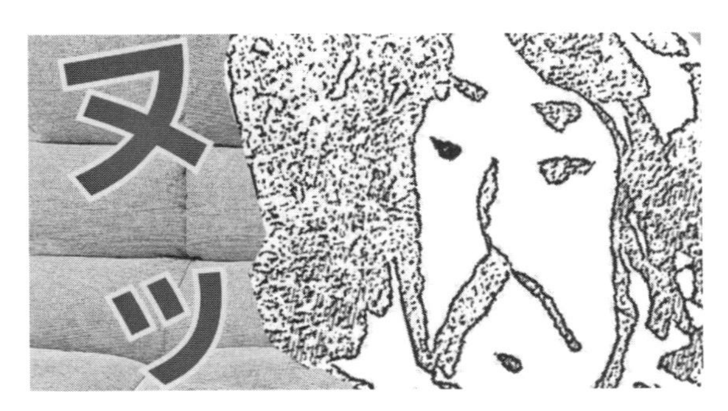

ス　ん？

あ　この神さまって、古事記にも出てくる、「あの」神さま？

ス　…ん？　…あぁ、そやで

あ　ほうほう…

そんな微妙なやり取りを経て、僕らは、その「あの神さま」の待つ「ある場所」へと向かった。

そこは東京から上越新幹線と、地元の「弥彦線」を乗り継いで約3時間。

新潟県は弥彦村にある、「彌彦神社」。

この場所に、「あの神さま」はいる…。その名は…、「天香山命」。

そう、ニギハヤヒに付き従った三二柱の神のうち、一番最初に名前があがっていた神さまの名前だった。

…なぜ僕が、この「天香山命」のことが引っ掛かったか。
それは、先ほどの由緒書きに記されている、「天香山命」の別名にある。

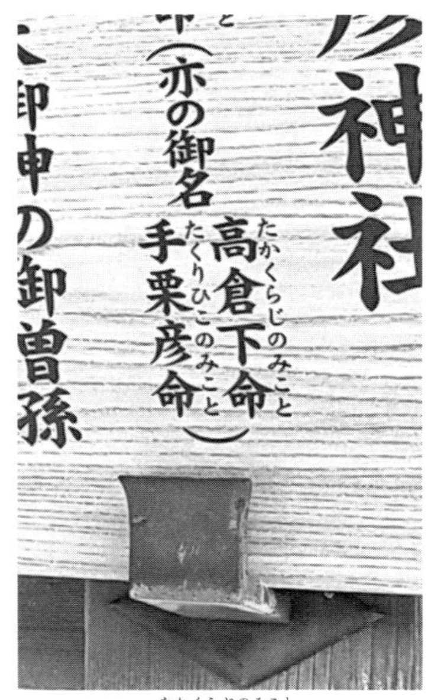

…そう。「高倉下命（たかくらじのみこと）」という名前に覚えがあったからだ。

ス　なんやお前「タカクラジ」のこと、知ってんのか？
あ　もちろん!!

ス　じゃあ。なんや？「タカクラジ」について聞かせろ
あ　…えっとですね…。タカクラジさんこと、「あめのかごやまのみこと」。実はこの方、ニギハヤヒさんの息子さんですね
ス　ふむ

あ　ニギハヤヒさんの天孫降臨に従って、この地上に降りた後、そのまま紀伊国（現在の和歌山県周辺）に移り住み、その地で初代神武天皇の命の危機を救ったという伝承があります

ス　ふむ…

あ　これは古事記にも書かれていますが、神武天皇が東に向かっている時に、熊野の地で悪神の毒気によって、軍勢もろとも瀕死の危機に陥った。その時突如として現れたタカクラジさんが神剣を神武天皇に授けると、意識を取り戻し、気絶する前より強力な力を得たといいます。その後神武天皇は宿敵を倒し、先に天からこの地に降りていたニギハヤヒさんからこの国を譲り受けたと読み取れるように、古事記や日本書紀をはじめとする神話には書かれてあります

ス　………

あ　その後ニギハヤヒさんは神話から姿を消し、一方タカクラジさんは、ここ（彌彦神社）の由緒書きにもあるように、大和の地を平定した神武天皇からの勅命を受け、越国（現在の福井県敦賀市から山形県庄内地方周辺）へ。その後この地で開拓に従事した神さまだと知りました

ス　で、それのなにがお前の心に引っ掛かったわけ？

あ　だって、なにかおかしくないですか？　ニギハヤヒさんの息子として一緒に降臨してきたのに、神武天皇を助けて

その部下になるって…

ス　なにがおかしい？

あ　古事記や日本書紀といった神話が、以前いったように、もし天武天皇や持統天皇が、自分たちは最高神アマテラスから神武天皇に受け継がれてきた、偉大なる血筋であるという権威づけをするためにつくったという要素が、多少でももしあるとするならば…。その天武天皇と持統天皇の祖先でもある、神武天皇を救ったという伝説を持つタカクラジさんは、神武天皇の前にこの国の王であったとも考えられるニギハヤヒさんにとっては、裏切り者じゃないですか？　って…

ス　………

あ　しかもそのタカクラジさんは、ニギハヤヒさんの息子って…。そこの部分がいまいちよくわからなくて…

ス　…まぁそこまでわかってるんやったら、ええやろ。後はタカクラジに聞いてみればいい

…スサノオさんのその言葉に従い、僕らは彌彦神社の拝殿前に立つ。

この地は背後にそびえる弥彦山をご神体としており、ここも奈良県の大神神社と同じように、山全体がご神域になっている。
ペコリ、ペコリ、パンパン、パンパン、ペコリ。
(二礼四拍手一礼)

弥彦山を見据え、そしてあらためて拝殿の前に立ち、心静かに参拝をする。

…そして…?

彌彦神社の守護神、「あめのかごやまのみこと」こと、タカクラジさんがその姿を現した。

タカクラジ　………

あ　こ、こ、こ、こん、にちは…。は、初めまして、荒川祐二と、申します…

ス　なにを緊張しとんねん、ドアホ

あ　い、いいや、だ、だって、ニギハヤヒさん周辺の神さまって、結構怖いイメージが…

そうやって少し恐れる僕に、タカクラジさんは、ゆっくり語りかけるように言葉を発する。

タカクラジ　こんにちは。荒川さん、スサノオさん、お噂は聞いてますよ

思っていた以上に、タカクラジさんの物腰やわらかく優しい語り口調に、少しだけ安堵の気持ちが心に広がる。
…しかし…?

あ　う、う、う、噂ですか…?

タカクラジ　えぇ、なにやらスサノオさんとある人間の方が、ニギハヤヒさまと瀬織津姫さまのことについて、調べてまわっていらっしゃると。アメノシタハルのところにも、行かれたでしょう？

あ　あ…。は、はい…。そういうのって人間と同じで、すぐに出回っちゃうんですね…

タカクラジ　もちろん神々にも情報網はございます。ただその上であえて、あなたに聞きたいことがある

タカクラジさんが物腰やわらかい態度から一転、ピシャリとそういうと、突如として空気が張り詰めたようになった。

あ　は、はい…

タカクラジ　なぜ、ニギハヤヒさまと瀬織津姫さまを追う？

あ　………

タカクラジ　神にまやかしは通じぬ。その心の内を正直に話すがいい

そういわれると同時に、全身から噴き出る汗…。決して悪いことをしているわけではないのに、焦りだす心が止まらない…。

ス　おい

あ　は、はい

ス　固くなるな。いつもどおりお前の考えていることを、正直に答えればいい。安心しろ。それが最初から間違っているようなら、俺はこうして今も、お前のそばにはいない

あ　は、はい…

タカクラジ　………

…そうして再びの少しの沈黙のあと、僕は意を決していった。

あ　僕は…正直にいうと…、瀬織津姫さんやニギハヤヒさんの封印を解除したいとか、そんなことを思っているわけではありません

タカクラジ　…ほう…

あ　僕は今、この時代を生きていることに感謝をしています。自由で安心して過ごせる、この国の「今」に…。この旅で学んだことですが、それはきっと今日に至るまで数えきれないほどの先人たちが、築き上げてくれた血と汗と涙の礎

の上にあるものだと思うのです…。それは天武天皇も然り、持統天皇も然り…。その先に存在していたのであろう、ニギハヤヒさん、瀬織津姫さん、アマテラスさんはじめ、すべての神々も…

タカクラジ　………

あ　…ただ、それが歪められて、答えのないまま憶測と憶測がぶつかり合う現実が、心苦しいだけなんです。この歴史上の積み重ねは、決してどちらか一方が悪いという話ではない。ただ現状どうしても瀬織津姫さんの話になると、今を生きる人間の間で、善と悪の理論が働いてしまっている。そのことに対してきちんと、「一体どういったことがあったのか?」「なぜ封印をする必要があったのか?」「そしてそこには、どういう出来事があったのか?」。そういったひとつひとつを、当時の事実までは知り得なくとも極力の努力とできる限りの理解のうえで、僕なりの答えを伝えたいです…

タカクラジ　………

あ　…これからの未来で、それぞれが謎多き瀬織津姫やニギハヤヒさん、そして持統天皇、天武天皇といった存在に対しての「判断」をしていく。僕はその、皆さんの思考のための知識となり土台となる、ひとつの「礎づくり」をしていきたいと思っています。…それが、僕がこの瀬織津姫さんとニギハヤヒさんを巡る旅に出ている理由です

タカクラジ　………

…どれだけの時間が経っただろうか。長すぎるぐらいの沈黙の時間が過ぎ…。

タカクラジ　…しかと、受け止めた…

あ　…は、はい…

タカクラジ　瀬織津姫やニギハヤヒという神々に対して、多種多様な認識が広がるなかで、そのような心意気を持って生きることに敬意を表する。その道に誤りがないことを、このタカクラジが保証する

あ　あ、あ、あ、ありがとう、ございます…

ス　おぅ、よかったな。これでタカクラジに、心置きなく質問できるやろ。

タカクラジ　どんなことでも仰せのままに

あ　え、あ、は、はい！　あ、ありがとうございます…！って、急にいわれても…。あの、タカクラジさんは敵ですか？味方ですか？

ス　お前、一回落ち着け（笑）。なんやねん、その支離滅裂な質問（笑）

あ　す、すいません…（汗）。あの、神武天皇の味方なのか？ニギハヤヒさんの味方なのか？　という話なのですが？

タカクラジ　…本来神に、敵や味方という概念はありません。よりよき世界のために、それぞれが時代に応じて、必要な役割を担っていく。それが「八百万の神」というものです。そしてそれはわが父、ニギハヤヒも然り…

ス　神武に可能性を感じ、「神武なら」と思ってタカクラジも力を貸し、「神武なら」と思ってニギハヤヒも、国を譲ったということやろう

タカクラジ　…そういうことです…。封印した、されたというのは、主に神話がつくられた後の時代のことです。神の時代にそんな駆け引きはありません

あ　あ、ありがとうございます…。じゃ、じゃあもうひとつだけ聞きたいんですが…。ニギハヤヒさんとは、一体どういう神さまなんでしょうか…？

タカクラジ　それはあなたが、「感じた」ままが答えです。おおよその話をしている感覚ですが、あなたがおそらく持っている、ニギハヤヒという神に関する、知識と感覚に、大きな間違いはございません。その知識と感覚の上に、あなたがニギハヤヒという神を照らし合わせて、明確に「感

じて」描くもの。それが答えです

あ　やはり、「感じた」もの…ですか…

タカクラジ　はい。そのうえで、ひとつだけ申し上げるならば…

あ　？

タカクラジ　あのお方…、ニギハヤヒさまの力は見くびらないほうがよろしい。「封印した、された」などと、そんな小さなことで、抑え切れるほどの神ではございません。「この世の始まりを告げる神」。それがニギハヤヒという神であるということだけは、伝えておきましょう

…。
……。
………。
…………。

自分自身の進む道への確信と、大きな収穫を胸に、彌彦神社の守護神、タカクラジさんを巡る旅は幕を閉じた。

「この世の始まりを告げる神」。
ニギハヤヒに関するその言葉は、一体なにを意味しているのか？

これまで得た知識の上に、「感じる力」を組み合わせ、いよいよこれからニギハヤヒという神の、核心に迫る時がやってくる。

□■□■□

今回登場した神社の紹介

彌彦神社
所在地：新潟県西蒲原郡弥彦村弥彦 2887-2
交通アクセス：上越新幹線・燕三条駅より JR 弥彦線にて弥彦駅まで約 20 分。弥彦駅より徒歩 15 分。

□■□■□

第20話 『君の名は。』と瀬織津姫

「その道に誤りがないことを、このタカクラジが保証する」。

ニギハヤヒさんの息子、タカクラジさんとの会話を経て、自分のなかで、「いよいよこの時」と思える自覚が芽生えてきた。
瀬織津姫の夫神であり、「謎多き神」ニギハヤヒという神の核心に迫る。

そのために必要なことは、今ある自分自身の知識の上に、「ニギハヤヒ」という神を感じて、その知識と感覚を照らし合わせること。そこに「ニギハヤヒ」という神の答えがある。

しかし、「感じる」とは、具体的にどういうことをすればいいのか…？
そんなことを考えていると…？

ス　ギャーハハハ!!
あ　……相変わらず楽しそうですね…。人がまじめに考え事してるのにって、なにを見てるんですか？
ス　ん？『君の名は。』

あ　ちょっ（笑）。なんで神さまがそんなの見てるんですか（笑）。ていうか『君の名は。』って、そんな爆笑するところないでしょ（笑）

ス　俺、これ好きやねん。神視点から見てもおもしろい

あ　いいですね。僕も落ち着いたら、一緒に見ようかな
ス　…でそれはそれとして、お前はなにを似合わん顔して、まじめに考え事してんのん？
あ　ん〜…。この間スサノオさんにも、タカクラジさんにもいわれた「神を感じる」って一体どういうことなんだろう〜？　と思って…
ス　まぁそんなこといってる時点で、感じられてないわな
あ　…そうなんでしょうけど…（笑）

ス　えぇか？「感じる」ことに答えはない。今この瞬間こそがすべてであり、今この瞬間こそが答えである。森羅万象すべての物事に、意味を感じ、今自分の身の回りの状況や環境、ひとつひとつすべてからメッセージを得る。その素直な心の感覚を養うことが、「感じる」ということや。もう少しいうなら、「感じる」ことと「考える」ことは、いつでも対極にある
あ　う〜ん…なるほど〜…。わかるようでわからないような…

ス　まぁそんな状況で、ウダウダやっても仕方ない。メリハリをつけて、とりあえず今は、ゆっくり休め
あ　は〜い、ありがとうございます。一緒に『君の名は。』、見てもいいですか？

ス ええで

…そうして肩を並べて、僕らの映画鑑賞会が始まった。

あ ていうか、この『君の名は。』って、「実は瀬織津姫の物語だ」って、一部ではいわれているんですよね

ス そうなん？ なんで??

あ まずこの映画って、ヒロインの宮水三葉（みやみずみつは）ちゃんの実家が神社じゃないですか。で、三葉ちゃんも巫女舞をしている

ス うん

あ で、その巫女舞を舞っている時の、頭飾りには龍。瀬織津姫は「古代の水の女神」であり、龍神の起源は「水の神」

ス　お、ほんまやん。神楽鈴にも龍が付いてるで

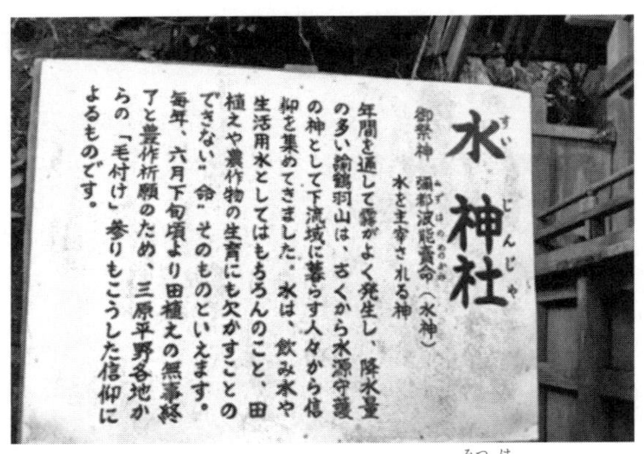

あ　そうなんです。で、名前が「三葉（みつは）」でしょ？これって…

ス　「弥都波能売神（みずはのめのかみ）」。水の神…ね…

あ　そうです。で、苗字も宮「水」

ス　（笑）そこまできたらおもろいな（笑）

あ　で、極めつけは、主人公の男の子の名前が、立花「瀧（たき）」でしょ。瀬織津姫は水の女神でもあり、滝の女神でもある…

ス　いいぞ、いいぞ。聞いてるだけでおもしろい。もっと聞かせろ

あ　…って、まぁこんなもんですけど（笑）。偶然にしては出来過ぎというか…（笑）

ス　いや、そらそこまできたら、なにかしらのメッセージが込められてるやろ
…そんなことを話しているうちに、映画もクライマックスに向かっていき…。

あ　…ってことは、これが瀬織津姫さんの映画なら、ニギハヤヒさんもこの映画のなかで、どこかに隠されているのかな？（笑）
ス　それはどうやろうな（笑）

あ&ス　ハッハッハッハッハ（笑）そうやとしたら、出来すぎ、出来すぎ（笑）

…そうして映画はクライマックスの隕石落下のシーンへと移り…。

あ　………

あ　…………………

あ　……………………

あ　………。ぬぁぁぁぁぁぁぁぁぁぁぁぁぁぁぁぁぁぁあ!! !! !!

ス　ビクゥッ!?!?　な、なんじゃぁぁぁ!?!?　い、いきなりドでかい声を出すな、ドアホ!!!!!

あ　ニ、ニ、ニ…

ス　ニ…？

あ　ニ、ニ、ニ、ニ、ニ…。ニ、ニギハヤヒさんの、しょ、正体が、わ、わかって、しまった…

ス　…え？

第21話　辿り着けたニギハヤヒの正体

あ　ニ、ニ、ニ、ニギハヤヒさんの、正体がわかってしまった…

「実は瀬織津姫の物語ではないか」と一部でいわれている、映画『君の名は。』を観ていた時に、突如として降りてきた知識と感覚が結びついた瞬間。
瀬織津姫の夫神であり、謎多き「ニギハヤヒ」という神の真実。
その答えを確かめるために、僕らはある場所へと向かった。
その場所は…?
先日の磐船神社と同じく、大阪は交野市にある「星田妙見宮」。

223段の階段を上がった先にある拝殿を目指しながら歩くなか、スサノオさんと僕の会話が始まる。

ス　…で、なんでここがニギハヤヒやと思ったん？

あ　…これです

ス　…なにこれ？　いよいよお前、怪しい商売始めんの？
きっしょ

あ　やめろ（笑）。これは隕石でつくられたお守りです

ス　ふむ。隕石

あ　ここ星田妙見宮の地は、それこそ『君の名は。』のモデルとなった地といわれており、古代この地に7つの隕石（北斗七星）が落下してこの辺り一帯が吹き飛ばされて、地形までも変えてしまったという伝承があるそうです

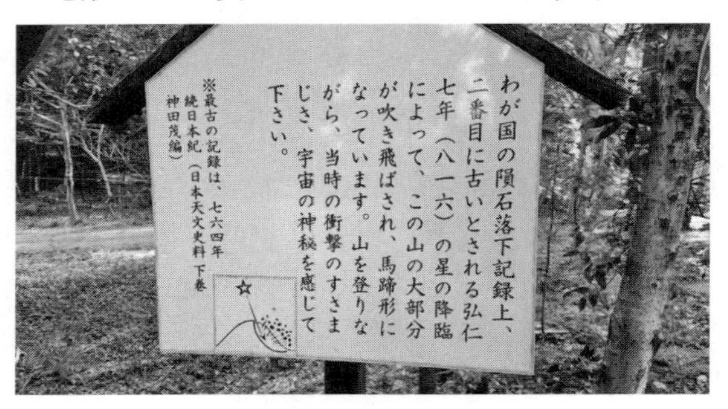

ス　ふんふん、それで？

あ　もともと僕は大阪出身なので、ここ星田妙見宮の伝承を聞いたことはあったのですが、『君の名は。』のなかに出てくる隕石落下のシーンを見た時に、知識と感覚が結びついたんです。それは…

ス　………

あ　ニギハヤヒと瀬織津姫を封印したという、天武天皇、持統天皇の時代に起きた、数々の祟りのうちのひとつに、「7つの星が落下し、その2日後に雨のように、隕石が地上に落下した」という伝説が、日本書紀に記載されています

ス　ふむふむ

あ　星田妙見宮の伝承と日本書紀の伝説は、時代と場所が多少違うといえど、同じ「隕石」という言葉に着目して、物事を照らし合わせたとき…

ス　………

あ　ニギハヤヒさんは天孫降臨の際に、「天の磐船」と呼ばれる巨大な岩に乗って降りてきたという伝説が、磐船神社やさまざまな神話に残されています

あ　この「巨大な岩に乗って降りてきた」というのを、「隕石の落下」と考えることはできないでしょうか？

ス　………

あ　…さらに、もうひとつの大きな謎であった、ニギハヤヒさんの名称のひとつである、「天照国照彦天火明櫛玉饒速日尊（あまてるくにてるひこあめのほあかりくしたまにぎはやひのみこと）」。この「女神 天照（アマテラス）」と、「男神 天照（アマテル）」という、二柱

の「天照」が存在することについて

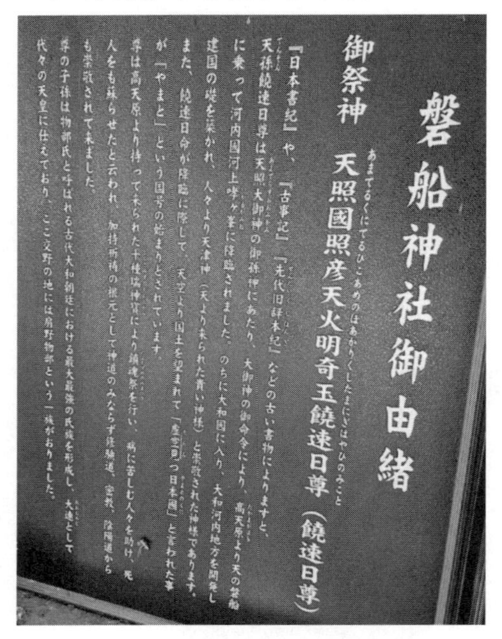

あ　これは「女神 天照」が太陽の女神だとすると、もうひとつの「天を照らしながら、降臨する」存在として、「男神 天照＝ニギハヤヒ」は隕石の神だ、と考えることはできないでしょうか？

ス　…つづけろ…

あ　そしてなにより、古事記では、「邇藝速日命」。日本書紀では、「饒速日命」。先代旧事本紀では、先ほどの「天照国照彦天火明櫛玉饒速日尊」と。どの神話でも一定しないニギハヤヒさんの名称ですが、唯一共通している漢字があります。それは…

ス　………

あ　「速日」という文字。これは「速い日（火）」。古代の人々が神名のなかに刻んだ「隕石の証」とも、読み取ることができます

ス　………

あ　…そしてこれが最後になりますが、タカクラジさんが僕にいった、「この世の始まりを告げる神」というニギハヤヒさんについて語った言葉

ス　………

あ　突然ぶっ飛んだ話になって恐縮ですが、この地球が始まったのは、46億年も昔。その時、この星は摂氏4400度という、太陽と変わらない高温の星だったといいます

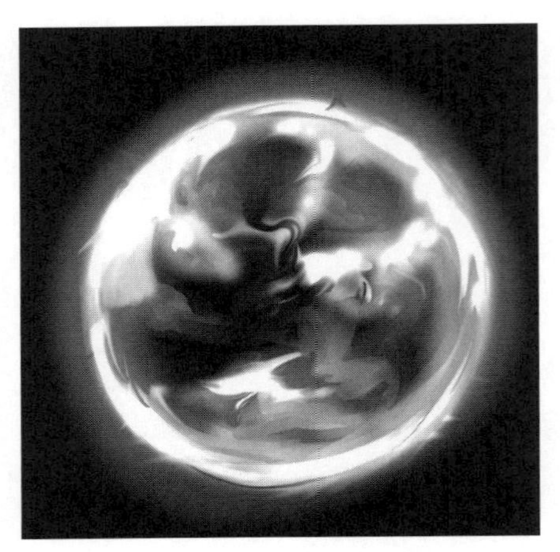

あ　その灼熱の星が、なぜ今のような生命溢れる、「水の惑星」に変わったのか？　それに対するさまざまな説があるなかで、もっとも有力な説が「隕石の衝突」だったといわれています

ス　………

あ　無数の隕石の衝突により、その隕石に含まれている水蒸気が、地球に衝突したことにより水が発生したといわれています。その水のなかに微生物が発生して、初めての生命が育まれ、その進化の過程で植物が生まれ、動物が生まれ、人間が生まれた。これを…

ス　………

あ　ニギハヤヒという「隕石の神」の出現によって、地球に瀬織津姫という「水の女神」が現れて、この二柱の神の手によって、「この世の始まりが告げられた」と、読み解くことはできないでしょうか

ス　………

あ　…そして古代の人々は、この偉大なる二柱の「始まりの神々」を尊敬し、愛してやまなかった。しかし、その偉大すぎる力と、民衆からの愛がゆえに、天武天皇と持統天皇

の「人」の時代と、時の権力の流れのなかで封印されざるを得なかった…。…これが…僕が…、今まで得てきた知識と、これまでの感覚を照らし合わせることによって出した、「ニギハヤヒ」という謎多き神さまに対する答えです

ス　…そうか…。そこまで…よく…頑張ったな…

…その会話が終わるとともに、拝殿に向かう階段も終わりを迎えた。

まずは拝殿での参拝を済ませ、その脇に祀られている、ニギハヤヒさんの鎮まる社へと足を向ける。

…果たして、自分自身の得た答えが正しいものなのか。

いや、いつもいっているように、それぞれが映し出す神の世界が無限にあるなかで、「正しい、正しくない」という概念はないとしても、スサノオさんがいつもいうように、僕が歩

んでいる道は神の道、人の道に即したことであるのだろうか…。

「この世の始まりを告げる神」。いい方を変えるなら、「破壊と創造の隕石の神」という親しみやすさとは程遠い、途方も知れない、畏怖の念すら感じさせる「ニギハヤヒ」という神を前にして、僕の心臓の鼓動は爆発的な高鳴りをみせるばかりだった。

…そして…。

自分自身の「知識と感覚」を信じて、心静かに「ニギハヤヒ」という神に参拝する。

…。

……。

………。

…………。

あ　…現れてくれません…か…

…その言葉をいい終えるかいなかの、その時…。

辺りが一瞬にして、真っ暗闇に包まれたような錯覚とともに、脳に直接響くように、重厚で、しかし決して不快ではない若く勇ましい男の声が聞こえてきた。

…。

……。

………。

…………。

？　…わが名は、ニギハヤヒ…

…その言葉に、今日に至るまでの自分自身の知識と感覚が、間違っていなかったことへの安堵感が心に広がり、同時に一瞬の目眩が襲ってきた。

…が、すぐに気持ちを立てなおさなければならなかった。

…これから僕は、あの「ニギハヤヒ」という伝説の神に向き合うのだから。

しかし…、この旅を始める前は、まったく想像もしていなかった、「この世の始まりを告げる、破壊と創造の神」という、ある種の恐怖すら感じる神に、僕は一体どう向き合えばいいのか…。

ニギハヤヒ　…その行程のすべてを…見ていた…。わが存在に迫る、これまでの道のりも然り…。…よく…ここまで辿り着いた…

あ　あ、ありがとうございます…

ニギハヤヒ　…今この身を、お主の前に現したい気もあるのだが…。…まだ足りぬことがある…

あ　…まだ…足りないところ…ですか…?

ニギハヤヒ　世にいう封印というものに絡め取られた、私のもうひとつの姿を…探るがいい…。その答えに至りしとき、私はお主の前に、この身を現そう…。…ここまで至った人間だからこそ…、期待をしているぞ…

…その言葉とともに、暗闇に包まれていたような錯覚が解け、同時にその場から、ニギハヤヒさんの気配も消えていったのがわかった。

残されたその場に、疑問だけが浮かび上がる。

あ　…封印というものに絡め取られた…もうひとつの…姿…?

ス　………。…あぁ、ニギハヤヒのいうとおり、ここまで至ったお前やから、もうある程度いってもええやろ。この旅はある意味、ニギハヤヒと瀬織津姫という謎に包まれた神に対して、お前自身が「正しき理解」をするためにある。「隕石の神」というニギハヤヒの根源の理解に至ったお前だからこそ、あいつ（ニギハヤヒ）に残された、「封印」という人の歴史との関わりのなかに隠された、最後の顔を知らなければいけない。それがニギハヤヒという神に対する「正しき理解」のための、最後のパズルのピースなんやろう。ただ、もうほとんどゴールは見えている。残りの一歩を最後まで、しっかり歩き切ってやってくれ。それが必ず瀬織津姫にもつながる、大きな手がかりとなるから…。
……。
………。
…………。
長きにわたる時の積み重ねのなかで、ようやく僕は、謎多き神「ニギハヤヒ」という存在の核心に至ることができた。

しかし同時に与えられた、「封印に絡め取られた、もうひとつの姿」というニギハヤヒさんに関する最後のその謎に対しては、頭を抱える気持ちにはならず、むしろどこか心が高揚してくる自分がいた。

「神の道、人の道に即していれば、自ずと道は拓かれる」。

この旅の最中に、スサノオさんが常々僕にいってくれた言葉と神々からの期待を背に、ニギハヤヒという神へと向かう最後の一歩を踏みしめる。

□■□■□
今回登場した神社の紹介
星田妙見宮
所在地 : 大阪府交野市星田 9-60-1
交通アクセス :JR 学研都市線 星田駅 東口出口 徒歩 20 分
□■□■□

第22話　オオクニヌシとニギハヤヒ

前回までのさまざまな過程を経てようやく僕は、「この世の始まりを告げる神」ニギハヤヒという存在の核心に迫ることができた。

しかしそんな僕に与えられた、最後の課題はニギハヤヒさんの「封印に絡め取られたこの世での姿を探ること」。

しかしスサノオさんがいったとおり、すでにもうほとんどゴールは見えている状態であり、僕自身にもこれまでほどの気負いはなかった。

それよりも、この「ニギハヤヒさんの真実の姿へと向かう、最後の道のり」を失礼のない形でどう伝え、そして歩み切っていくか。そんなことを考えていた。

ス　で、ニギハヤヒの封印された正体はわかったん？

あ　正直に申し上げますと…、はい、わかりました

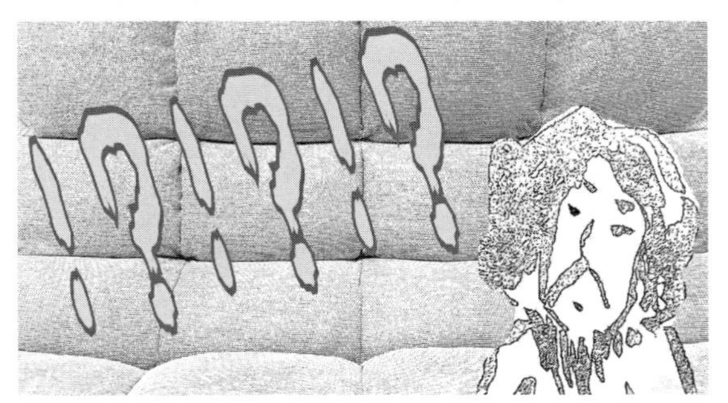

あ　神がそんなに驚きなや（笑）。それに「ゴールはもうほとんど見えている」って言ったのは、あんたでしょ（笑）

ス　で、誰なん？　誰なん??　はよ、教えろ。はよ、はよ、はよ

あ　無駄に焦らすな（笑）。ていうか僕、もうすでにニギハヤヒさんに会ってます

ス　お、お、お、俺、俺、俺ちゃうぞ!!!!　絶対ちゃうぞ!!

あ　やめろ（笑）。いよいよニギハヤヒさんに会いに行こうと思うのですが、でもその前に、どうしても会っておきたい方がいます。ひとりで行こうと思っているのですが…

ス ?

…。

……。

………。

…………。

…そうして僕はスサノオさんとは別に、島根県は出雲の地へ。

そう、僕は前作の旅で登場した「日本史上初の王」、オオクニヌシさんに会いに来た。

スサノオさんには失礼かもしれないが、僕はなぜかここにはひとりで来たかった。

この夏の旅でも登場したオオクニヌシさんの妻、スセリヒメさんの案内に従い、稲佐の浜で佇むオオクニヌシさんのもとへ向かう。

あ　オオクニヌシさん、こんにちは

オオクニヌシ　やぁ、どうも

ご挨拶とともに、お話をさせていただく。

オオクニヌシ　あらためてここまで来られなくてもよかったのに

あ　いえ、あらためてオオクニヌシさんに、ご挨拶に伺いたかったのです。明日…、ニギハヤヒさんに会いに行ってきます

オオクニヌシ　旅のお噂は聞いていましたが、ニギハヤヒ…。ということは、彼に…

あ　はい、だからこそ、事前にオオクニヌシさんには、きちんとお伝えをしておきたかったのです

オオクニヌシ　そうですか。丁寧にありがとうございます

あ　オオクニヌシさんに、ひとつだけ聞きたいことがあって…

オオクニヌシ　なんでしょう？

あ　…封印されるって、どういうお気持ちなのでしょうか…

オオクニヌシ　…封印された側の気持ち…ですか…

あ　…はい…

オオクニヌシ　…私もかつては、この国の王という立場でありながら、天と地の思惑の狭間（はざま）のなかで、国を譲ることになった。そして以降はこの出雲の地に鎮まることになった。確かにこれも見方を変えれば、封印といえなくはないでしょう

あ　…はい…

オオクニヌシ　…ただこれは、以前の夏の旅の際に、お伝えしたことでもありますが、今のこの流れるままに過ぎる生活も、決して悪いものではない。ただそれを私に、思わせてくれたのは…

あ　………

オオクニヌシ　国を譲った後でも、私を大切にしてくれた人々の思いなのです。国譲りの際でも、当事者間では合意と納得がありました。しかしいつの時代でもそうですが、国を譲った側、封印された側に人々の同情は集まるものなのですね

あ　…確かに…そうかもしれません…

オオクニヌシ　それは、私に於いても同様です。国譲り以降、この出雲の地に於いて、人々は私を大切に奉り、それは今この現代に於いても変わりません。その人々の思いが、場合によっては、私やその周囲から生じていたかもしれない怒りや恨みを消し、幸せをこの魂に溢れさせてくれるのです。その逆に、封印した側のほうが、その後永年に於いての苦しみに苛(さいな)まれることがある…

あ　確かに…瀬織津姫やニギハヤヒさんを封印したといわれている、天武天皇や持統天皇の晩年の祟りの連続を考える

と、そうかもしれません…。持統天皇にいたっては、今この現代でも責められ続けています…

オオクニヌシ　…先ほど申し上げたように、そういった『封印』に怒った人々からの怒りの想念に加え、『封印をしてしまった』という罪悪感がその心を縛り、結果的にそれが『祟り』を引き寄せる場合もありますからね。

あ　…聞かせていただき、ありがとうございます…

オオクニヌシ　…荒川さんのいわんとしていることは、わかっております…。瀬織津姫やニギハヤヒに関しても同様です。彼らに関しても、封印されたという歴史があるとはいえ、その結果として数千年という時を超えても、今でも忘れ去られずにこうして多くの人に愛されつづけ、その真実に近づこうとする方が、多くいらっしゃるのですから。神が消滅する瞬間、それは人の魂と同じで、『存在を忘れ去られたとき』です。そういう意味で考えると、こうして今でも存在を伝えられつづける彼らは、幸せなはずです…

あ　ありがとうございます…。その言葉が…聞けてよかったです…。その言葉を聞くために、僕はここに来たように思います…

オオクニヌシ　えぇ…。神というものも、人の心、想念の集合体がつくり出すものです。これまでの歴史は歴史として、もちろんしっかりと調べ、そのなかで先人への感謝と敬意をいつまでも忘れず、美しい神の姿を映し出されてください。彼にもどうぞ、よろしくお伝えください…

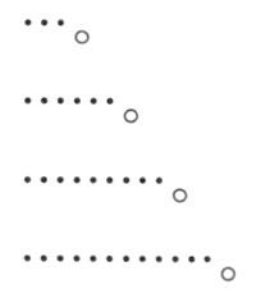

…。
……。
………。
…………。

ス　どっせーい!!

あ&オオクニヌシ　………
あ　「どっせーい!!」って、なにしてまんのん…。ていうか、どないしてここまで来ましたん？
ス　俺は神やぞ！　時空を超えるぐらい、お手のものじゃ!! その前にお前ら、誰か、誰か、誰かを忘れてへんか、コラッ!!俺、俺、俺の、俺、俺、俺！やぞ!!

あ&オオクニヌシ　………

ス　えぇか、さっきの話を盗み聞きしてたけどやな、神は存在を忘れ去られたら消滅するんやぞ!!　え!?　コラッ!?ええんか!?　消滅するぞ、コラッ?

ス　わ〜〜〜消滅する〜〜〜

あ&オオクニヌシ　………

あ　…スサノオさん…

ス　お!?　なんや!?

あ　あなたは未来永劫(えいごう)、消滅しないと思うよ…。色んな意味で…

ス　…お前それ、一見よい言葉に聞こえるけど、ちょっとバカにしてるやろ？

あ　（笑）

オオクニヌシ　フッ…

ス　やっぱりバカにしてるやろがぃっ!!

…。

……。

………。

…………。

…数々の奇跡と軌跡を経て、いよいよ「この世の始まりを告げる神」、ニギハヤヒが現れる。

□■□■□

今回登場した神社の紹介

出雲大社

所在地：島根県出雲市大社町杵築東195

交通アクセス：一畑電車大社線 出雲大社前駅

□■□■□

第23話　ニギハヤヒ、現る

いよいよ、この時がやってきた。
瀬織津姫の夫神であり、「この世の始まりを告げる伝説の神」、ニギハヤヒ。

その真実の姿へと向かう道のりを、一歩ずつ、一歩ずつ踏みしめるなか、僕の脳裏に、さまざまな思いがよぎる。

この旅も以前の夏の旅のように、まるで、導かれるように進んできた。
もし神さまがこの旅に、「なにか」を求めてくれているのだとしたら、僕はその役割をしっかりと全うしたい。

この「瀬織津姫を巡る旅」は、まだ道半ばでありながらこれほどの気持ちになるなんて、僕は想像もしていなかった。引き締まる思いとともに、目的地が近づき、いよいよ「この世の始まりを告げる伝説の神」、ニギハヤヒと向かい合う時がやってきた。

ス　ここまで自分で頑張ってきてんから、今日はお前ひとりで話を進めろよ
あ　…はい
?　…ひさしぶりだな…

その言葉とともに…、前作『神さまと友達になる旅』の際に登場した、大神神社(おおみわじんじゃ)のご神体である三輪山に鎮まる謎多き神、オオモノヌシが現れた。
(※三輪山内は撮影禁止のため、写真はすべてイメージ写真です)

オオモノヌシ　なんの用だ…？…といっても、用件はわかっているがな…

あ　…はい…

オオモノヌシ　率直に聞こう。なぜ私が、ニギハヤヒだと思った？

あ　…世にいう「封印」というものは、特別な結界を張ったり、儀式を行うものではありません。瀬織津姫が大祓詞のなかで「祓いの神」として、新しい形の神となったように。ニギハヤヒさんも同様に、違う形でその存在を、古事記のなかに表記されたと思ったんです

オオモノヌシ　すでに古事記には、ニギハヤヒに関する直接の表記があるにも関わらず、か…？

あ　…それほどまでに時の権力側にとって都合の悪い神の証だったのではないでしょうか。二重三重のレッテルを貼らなければいけないほどの…

オオモノヌシ　…それでは聞こう…。その理由を…

あ　…ニギハヤヒさんは、天を照らしながら降臨する「隕石の神」です…。そして その神名は、天照国照彦天火明櫛玉饒速日尊。この「天照（アマテル）」というものに着目して考えたとき

オオモノヌシ　………

あ　古事記のなかでオオモノヌシさんは、オオクニヌシさんの国づくりを助けるために現れた時、「海を照らしながら現れた、光輝く神」として描かれています。海は古来、「あま」とも読めます。これを「海(あま)を照らす＝天照(アマテル)」、そして光り輝きながら現れる存在として、「隕石」として考えることはできないでしょうか

オオモノヌシ　………

あ　そして古事記はその直後に、つづけてこう記載しています。「その大年神（※古事記に於けるオオモノヌシの別称）、（中略）、天知迦流美豆比売(あまちかるみづひめ)を娶(めと)って産める子は…」。この「天知迦流美豆比売」とは、その名のとおり、「天の水の姫＝瀬織津姫」ではないかといわれています

オオモノヌシ　………

あ　…それに古事記をはじめとした神話のなかには、オオモノヌシさんが引き起こした祟りを、その魂を祀らせることで鎮めるという、エピソードがあります。これは天武天皇、持統天皇の時代に、ニギハヤヒさんと瀬織津姫さんを封印したことによって引き起こされた、隕石の落下をはじめと

した祟りを鎮めるための暗喩ではないかと思ったのです

オオモノヌシ　………

あ　…なによりその名称。オオモノヌシさんの神名のひとつに、「倭大物主櫛𤭖玉命（ヤマトオオモノヌシクシミカタマノミコト）」があります。この「櫛𤭖玉」という部分と、「天照国照彦天火明櫛玉饒速日尊」の「櫛玉」の部分的な一致…

オオモノヌシ　………

あ　それにニギハヤヒさんという神は、一説には古代の有力な氏族物部氏が祀っていた神だ、ともいわれています。そこに照らし合わせて、「大物主」という名の起源を、古代と今の言葉は違えど、偉「大」なる「物」部の「主」だったのではないかと、考えるのはいけないでしょうか？

オオモノヌシ　………

あ　そしてこれが最後になりますが、日本書紀には「国譲り」のあとに、オオモノヌシさんも天上界の神々に帰順を強いられ、そのなかで、「お前がもし国つ神を妻とするなら、私はお前が心を許していないと考える。それで、今わが娘の三穂津姫をお前の妻とさせたい」という場面があります

オオモノヌシ　………

あ　勝手ながら僕はこれが、ニギハヤヒさんと瀬織津姫さんが引き裂かれたシーンだ、と思ったのです。…こういった複雑怪奇な伝承の数々が…、僕はこれこそが、ニギハヤヒさんが「封印というものに絡め取られている姿」だと思い、オオモノヌシさんこそが、ニギハヤヒさんの人の歴史に於けるもうひとつの別の姿だ、と確信するに至りました

オオモノヌシ　………

あ　…これが…僕の…答えです

…途中言葉が震えながらも、なんとか最後までいい切ることができた。

それでも…？

オオモノヌシ　………

…オオモノヌシさんはなにも答えることをせず、こちらをまっすぐ見据えたまま…長すぎるぐらいの沈黙の時間だけが過ぎ…。

…張り詰めていた空気が、極限にまで至ろうとしたその時だった。

あ　え…？

溢れんばかりの光が、オオモノヌシさんの全身から放たれ、
…。
……。
………。
…………。
「この世の始まりを告げる神」、ニギハヤヒが、辺り一帯をその強い光で照らしながら、姿を現した。

ニギハヤヒ　よくぞここまで…辿り着いたな…

あ　ありがとうございます…。お姿を現していただき、光栄です…

ニギハヤヒ　こうして真実の姿を現せるのも、お主のおかげだ。礼をいう

あ　と、とんでもないです…

あらためて姿を現してくださったニギハヤヒさんを前にして、丁寧に接してくれているとはいえ、その突き刺すようなご神威とあまりの輝きに、正直身体がすくむばかりでロクに言葉が出てこない自分がいた…。

アマテラスさんのやわらかく包み込むような光とはまた違った、肌に熱さすらも感じさせるぐらいのまばゆい光が僕らを囲むなか、声だけが聞こえるように、会話が繰り広げられる。

あ　しょ、正直な気持ちなのですが…、今この場に立って、ニギハヤヒさんとなにを話せばいいか、わからない自分がいます…

ニギハヤヒ　…無理に話すこともあるまい…。お主と私はこれまでの道のりで、すでに、魂と魂がつながり合っている…。今日までの日々、非常にうれしいものであったぞ…

あ　ぼ、僕は…ニギハヤヒさんに…、なにをすることができるのでしょうか…？
ニギハヤヒ　お主の望むままに進むがいい。求める道があるのであろう。その道にこのニギハヤヒ…、支援を惜しまん…

あ　僕は…ニギハヤヒさんと瀬織津姫さんの、歴史の裏側を知りたいです…

ニギハヤヒ　…その先になにを求める…？

あ　あるべきものを、あるべき形に…。それが僕が目指している未来です。ニギハヤヒさんと瀬織津姫さんのこともそう…。歴史の裏側になにがあったかをできる限り知り、それをあるべき形で後世に伝えていく…

ニギハヤヒ　………

あ　…それが今の僕の役割だ、と思っています…

ニギハヤヒ　………。…承知した…

ニギハヤヒさんがそういうと、辺り一帯を囲む突き刺すような光が、一瞬これ以上ないほどに強くなったかと思うと、

すぐ後に、一旦の落ち着きを見せた。

光溢れる世界から、日常の光景にゆっくり目を慣らしていくと、そこにニギハヤヒさんの姿はなく、声だけが僕の心に直接届いてきた。

ニギハヤヒ　…愛するわが妻…、瀬織津姫と私のことに関しては、まだ解かれざる封印があるゆえ、私自身は直接の動きがかなわぬ…。しかしさまざまな神々の支援が、これからお主に訪れるよう、用意をしよう。まずは役行者（えんのぎょうじゃ）に会いに行け。そのためにわが妻を今も守りし私の部下…、アメノシタハルに会いに行け…。さすればわが愛する妻、瀬織津姫へとつながる道も拓かれるであろう…

あ　え、役行者…さん…に、ア、アメノシタハル…さん…

ニギハヤヒ　…われは「破壊と創造の神 ニギハヤヒ」なり…。

いつの時代も、新たなる秩序をつくり出すものの神となる…。われはお主であり、お主はわれなり…

あ　………。…そうか…。…今その言葉を聞いて…、わかりました…。ニギハヤヒさんはずっと僕を、見守ってくれていたんですね…。僕はこの旅で、ニギハヤヒさんや瀬織津姫さんの、これまでの定説とは違うことを多く伝えつづけてきました…。でもそれがある意味の、「破壊と創造」だった…。この旅も自分で進んでいたようで、実は、僕はニギハヤヒさんに導かれていた…

ニギハヤヒ　…フッ…。その旅路の最後まで…期待しているぞ…

…その言葉が聞こえてくると同時に、僕が身につけていた隕石のネックレスが、燃え上がるような熱をもったように感じた。

「この世の始まりを告げる伝説の神」の、その姿と言葉を胸に

焼きつけると同時に、自分の心に、揺らぐことのない芯が備わったことを感じた。

「この世の始まりを告げる、伝説の隕石の神」は、僕の心に燃え上がるような力を与え、同時にこれから進む未来を大きく照らし出してくれた。

伝説の神々の期待を力に変えて、新たなる「創造」の旅に出る。

しかしそれは決して、これまでの歴史や誰かを否定する旅ではなく、それぞれの歩んできた道のりを、その魂の素晴らしさを肯定していくための旅。

『スサノオと行く瀬織津姫、謎解きの旅』は、ひとつの大きな区切りを経て、いよいよ「伝説の女神」瀬織津姫へ向かう旅へと、歩みを進めていく。

□■□■□

今回登場した神社の紹介

大神神社

所在地：奈良県桜井市三輪 1422 大神神社

交通アクセス：JR 三輪駅から徒歩で 10 分

□■□■□

第24話　旅の終わりに向かって

瀬織津姫の夫神であり、「破壊と創造の隕石の神」ニギハヤヒさんとの出会いを経て、いよいよ物語の本丸である「瀬織津姫」のもとへと、僕らは向かっていく。

「役行者（えんのぎょうじゃ）に会いに行け。そのために私の部下、アメノシタハルに会いに行け。さすればわが妻、瀬織津姫へとつながる道も拓かれるであろう…」

ニギハヤヒさんからのその言葉に基づき、僕らはアメノシタハルさんが鎮まる東京は多摩市にある、小野神社に戻って来た。

ここには、アメノシタハルさんとともに瀬織津姫さんが祀られており、この旅が始まった当初に訪れたものの、その時は僕の知識と経験があまりに乏しかったため、アメノシタハルさんに門前払いをされたところだった。

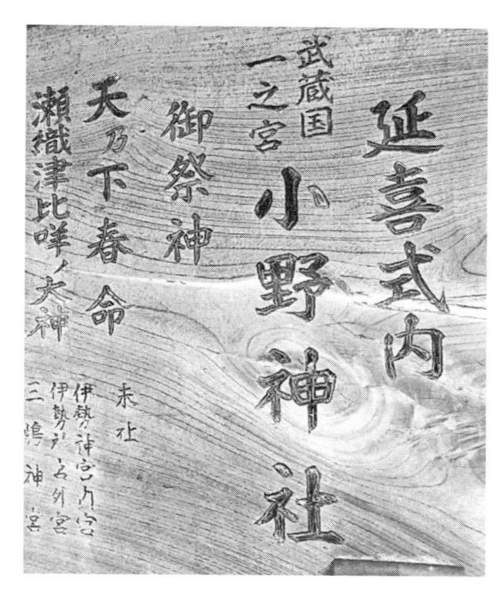

ニギハヤヒさんからの言葉があるとはいえ、今回は一体どうなのだろうか…？

…そう思い、心を込めて本殿にて参拝。

二礼二拍手一礼

…。

……。

………。

…………。

そして、小野神社のご祭神であり、ニギハヤヒさんに付き従ってこの地上に降りてきた随神三二柱のうちの一柱、アメノシタハルさんが現れた。

あ　こ、こんにちは…

シタハル　…ニギハヤヒさまより、話は聞いています。先だっては大変な失礼をいたしました…

そういって、アメノシタハルさんが頭を下げる。

あ　そ、そんな！　そんな！　やめてください!!　なにも知らずに来た僕が悪かったのですから…。こちらこそその節は、大変失礼いたしました…。改めましてなのですが…、どうぞよろしくお願いいたします…

シタハル　役行者に会いに行くのですね。ニギハヤヒさまより伺っております。その同行の役目、しかと承りました。まずは奈良天川の地に、参りましょう…

あ　天川…。今年の初めに天河神社（※神社表記は「天河」）に行った時…、スサノオさんが僕に、「この天川の地は、瀬織津姫の旅に於いて、いつか必ず重要な地となる」といってくれた場所…

シタハル　…スサノオさまは、すべてお見通しだったのでしょう。しかしそれを決して、ただ答えを与えることをせず、荒川さんがこうして成長して、ご自身で気づきご自身でここまで歩いてくるために、すべてを知っていながら見守りつづけていたのでしょう…

ス　きゅ、急には、話振んなや!!　せ、せやで!?　せやで!!　せやで!!　シ、シタハル、よくぞ、み、見破ったな!!　そ、そうや！　こ、このハゲ頭は、全部俺のて、掌の上で転がされていた、ということや！

あ＆シタハル　………

あ　(…ホンマかウソかわからん…)。と、ともかく、こうしてアメノシタハルさんに同行いただけること、本当に光栄です。長い旅路になるかもしれませんが、どうぞよろしくお願いいたします…

シタハル　いや…

あ　？

シタハル　…ここから先は、もうそれほど長い旅にはならないでしょう…。ただ短くとも、神と人が紡ぐ、時空を超えた壮大な物語を見ることになります。瀬織津姫さまへと向かうこれからの道を、心して歩まれてください

あ　は、はい…
シタハル　それでは役行者のもとへ、参りましょう…。少し大変な道のりになるかもしれませんが…

…。
……。
………。
…………。
およそ半年に及んだ、「スサノオと瀬織津姫を巡る旅」は、いよいよクライマックスに向けて、最後の道のりを歩んでいく。
これからどんな物語が、僕を待っているのか。どんな未来も受け入れる覚悟と希望とともに、まずは伝説の人物と言われている、「役行者」に会いに行く。

第25話　約束を守り続ける鬼の夫婦

「役行者(えんのぎょうじゃ)に会いに行け」。
ニギハヤヒさんのその言葉に従い、その部下であり強力な援軍アメノシタハルさんとともに、僕らは瀬織津姫への道が拓かれるという役行者に会いに、再び奈良の地へと向かった。

まずはスサノオさんが今年の初め、この瀬織津姫の物語を再開する時に僕にいった、「この天川の地が、瀬織津姫を巡るうえで重要な地となる」。

その言葉どおりに、再び天河神社を訪れた。

ここには境内の裏手に、その「役行者」を祀っている小さなお社がある。

ただ、今の段階の僕では、役行者のことを深く知っているわけもなく、「これからどうぞよろしくお願いいたします」と、心を込めて参拝だけをして、次なる地へと向かう。

その次なる地とは、天河神社から約7キロ。車で15分弱。天河神社と同じく役行者が開いたとされる、「龍泉寺」にやってきた。

ここは伝承によると700年ごろ、この近くの大峯山で修行をしていた役行者が、この地に泉を発見し龍の口と名づけてそのそばに小堂を建て、八大龍王を祀ったのが起源とされている。

あ　ぼ、僕はここで…、役行者さんに会えるのでしょうか…
シタハル　………。その前に話を通しておかないといけない奴らがいます…

あ　話を通しておかないといけない奴ら？

シタハル　…えぇ…、かなりややこしい…。…まぁまずはそもそも、その前に役行者というものについて知っておかなければいけない。荒川さんは役行者について、どの程度知っていますか？

あ　全然

ス　堂々というな、このドアホ

シタハル　…まぁいいでしょう…。役行者とは飛鳥時代を生きた、伝説的な呪術者のことです。今も盛んな山へ籠もって厳しい修行を行うことにより、悟りを得ることを目的とする、修験者や山伏をはじめとした日本古来の山岳信仰。「修験道」の開祖ともいわれていますね

あ　山伏、修験道…聞いたことあります…。ということは、役行者さんはもともとは人…なんですか？

シタハル　…えぇ。思うところがあれば、天の神にもものを申していたほどの人物です

ス　お前もたまに、俺に平気でもの申すけどな

あ　それはあんたが、いつもいらんことばっかりするからや。すいませんシタハルさん、つづけてください

シタハル　役行者は、五色の雲にのって自由自在に空を飛び、伊豆大島から毎晩海上を歩いて富士山を登り、その土地の神すらも使役し、鬼神を従えて家来のようにつかっていたという…

あ　…す、すごすぎる…。でもその役行者さんと、瀬織津姫さんにどういう関係が…？

シタハル　まぁそれは役行者に会えば、わかることでしょう。それよりも、その…家来としていた鬼神なのです

あ　あ、それはここの龍泉寺について、調べていた時に見たような気がします。「前鬼(ぜんき)、後鬼(ごき)」…でしたっけ？　夫婦で悪さばかりしていたところを、役行者さんに不動明王の秘法で捕らえられて、以降は反省して式神として、役行者さんに付き従うことになったという…。…って、こちらで

すよね…？

シタハル　…そう。役行者に会いに行くには、まずは、こいつらに許しを得ないといけない…。それが結構大変で…

あ　で、でも、ニギハヤヒさんから、役行者さんにすでに話を通してくれているのでは⁉

シタハル　…今の世の中でもそうでしょう。会社の社長同士で話ができていたとしても、下の人間をきちんと通さないとへそを曲げるし、後々ややこしいことになる

あ　確かに…

シタハル　とにもかくにも、前鬼、後鬼です。ここで奴らに認められないことには、役行者への道は拓かれない

…そんな話をしていると…？

？　グゲゲゲゲゲ…
？　ゴゲゲゲゲゲ…

動物のような？　それとも妖怪のような、謎の声とともに、僕らの前に「前鬼、後鬼」が現れた。

前鬼　グゲゲゲゲ…。ア、アメノシタハル。なんの用だ？
後鬼　ゴゲゲゲゲ…。珍しい、珍しい

シタハル　前鬼、後鬼。客人だ。役行者へとつないでやってほしい

前鬼　グゲゲゲゲ…。お、俺たちはなにも聞いていない…

後鬼　ゴゲゲゲゲ…。聞いていない人間を、そう簡単に役行者さまのもとへ通すわけにはいかない…

シタハル　…ふぅ…。やはり手間のかかる。すみません、ここからは荒川さんが、奴らにどう判断されるかになるのですが…

あ　い、いえ…。認めてもらえるように頑張ります…

…そういって、ご挨拶をしようと１歩前に出たところ…？
前鬼＆後鬼　な、なんでアメリカ…？

ス　（…また…やりおった…）
前鬼　グゲゲゲゲ!!　ふざけた奴だ!!　役行者さまに会いに行くのに、礼儀もなにもあったもんじゃねぇ!!
後鬼　ゴゲゲゲゲ!!　認めない!!　認めない!!
あ　ちょっ!!　マジかっ!!　こんな胸のワンポイント、普通気づくかよ！　しかもアメリカじゃなくて、ニューヨークです！
ス　そういう問題ちゃうわ！　ドアホッ!!
前鬼＆後鬼　役行者さまの元へは通さない!!

あ　ちょ!!　マ、マジかよ!!　すいません！　本当にすいません!!　すいません!!
ス　フゥー…このドアホだけはホンマに…。おい、前鬼、後鬼。俺のことはわかるか？

前鬼　…グゲ？　ス、スサノオさま!?
後鬼　も、もちろん存じあげております!!　ゴゲゲゲゲゲ!!

ス　こいつ（荒川祐二）は、俺の連れでな。なんとか通してやってくれんか？

前鬼　グゲゲゲゲ…。ス、スサノオさまの頼みといえど…！
後鬼　ゴゲゲゲゲ…。それとこれとは別のこと!!　失礼な人間を通すわけにはいかぬ!!

ス　（フゥー…本当めんどくさい…）…まぁ立派な忠誠心といえば、そうやけども…
シタハル　前鬼と後鬼は、役行者の死の間際に託された、「私亡き後は、お前たちが大峯山に来る修験者たちをお守りしろ」という約束を、1300年以上経った今でも、守りつづけているほどですからね…

前鬼　グゲゲゲゲ…。そ、その人間を認める、ひ、必要がある！
後鬼　ゴゲゲゲゲ…。なにより役行者さまはここにはいない!!　今は大峯山山頂にいる!!
ス　大峯山？　あぁ、修験道の修行の聖地か

前鬼　グゲゲゲゲ…。そ、その人間に根性があるのなら…!!
後鬼　ゴゲゲゲゲ…。大峯山の山頂で待つ!!

あ　え!?　え!?!?
…そういうと、前鬼、後鬼はスッと姿を消した。

あ　…また…山…登り…
ス　お前がドアホなことをするからや
シタハル　………
…去年の旅での、ニニギさんを訪ねた高千穂峰登山につづく、再びの登山(登拝)。

しかも、今度は冬山。
荒川祐二は一体どうなるのか!?
そしてその山頂で待つ、瀬織津姫につながる鍵を握る、役行者とは!?!?

□■□■□

今回登場した龍泉寺の紹介

所在地：奈良県吉野郡天川村洞川 494

交通アクセス：近鉄下市口駅から「洞川温泉」行 乗車約 80 分。洞川温泉バス停から徒歩で 10 分

□■□■□

第26話　伝説の呪術師　役行者

あ　ま、また…登山（登拝）…？

役行者（えんのぎょうじゃ）を守護する式神、前鬼、後鬼を怒らせてしまったことにより、修験道の修験者たちが修行する聖地、大峯山に登る羽目になった荒川祐二。
その大峯山は険しく、しかも季節は今、冬…。

1300年以上も守られているという、「女人禁制」と記された門を潜り抜け、標高1719 mの頂上を目指す。

あ　ヒィ、ヒィ、ハァッ…。き、きつい、きつすぎるっす…

誰ひとりとして登山者のいない登山道。雪によって当然道が見えるはずもなく、頼りになるのは誰かがいつか登ったのであろう、足跡だけだった。

あ　っていうか、なんでここ、こんなに不動明王がいるの…？　麓の龍泉寺にも、やたら不動明王いたし…

ス　………。お前、頭は悪いのに、こういう勘だけはホンマに鋭いのぉ…

あ　…え？

スサノオさんの言葉もそこそこに、山頂に向かって登れば登るほどに、あちこちで姿を見せる不動明王の像を横目に、強風に吹かれて何度も転倒し、標高が上がるにつれ呼吸する肺も痛くなってくるなか、登ること３時間…。頂上の前に、「日本三大荒行」という、あるスポットに辿り着いた。

あ　こ、ここは…？

ス　…「西の覗(のぞ)き」ってやつやな…。命綱を体に縛り、顔面から崖に吊るされるという荒行が行われる場所…

あ　ぎぇぇぇぇぇぇぇぇ!!!!　聞いたことある!!　あれでしょ!!　あの命綱を持ってる修験者の人が、「正直でいるかー!?　素直でいるかー!?」みたいなことを聞いてきて、「はい！」と答えるまで吊るされつづけるってやつ…!!

ス　…お前…やってみる？　命綱なしで…

あ　絶対イヤ

スーパー高所恐怖症の僕が、そんなことをいっていると…？

？　グゲゲゲゲ…

？　ゴゲゲゲゲ…

例の奇妙な声とともに、役行者の式神、前鬼と後鬼が現れた。

前鬼　グゲゲゲゲ…。よ、よく、ここまで来たな…

後鬼　ゴゲゲゲゲ…。根性あるじゃないか…

あ　ここまで必死でつづけてきた旅…。こんなところで諦められるかぃ!!

前鬼　グゲゲゲゲ…。な、なかなか、見上げた奴だ…

後鬼　ゴゲゲゲゲ…。し、しかし、本当に根性があるのなら…

あ　?

前鬼&後鬼　この崖下を覗いてみるがいい!!

あ　いや！　ちょっ！　それは無理!!　絶対無理!!

前鬼&後鬼　なら役行者さまのもとには通せん!!

…そうして少し崖に近づいただけでも…？

あ　ぎえぇぇぇぇぇぇぇぇえ!! !!

あ　無理無理無理無理無理無理無理!! !!

前鬼&後鬼　グゲゴゲゲゲゲ!! いい気味、いい気味…!!

あ　ぎえぇぇぇぇぇぇぇぇえ!! !!

その時…？

?　やめんか!! !!

空を切り裂くほどの、大きな声が響き、同時に一瞬にして、
前鬼と後鬼がすくみ上がる。

前鬼＆後鬼　え、役行者さま…!!

?　その者は、儂(わし)の大切な客人。失礼なことをするでない!!

前鬼＆後鬼　し、失礼しましたぁぁぁぁぁ!!!!

…そういうと、前鬼と後鬼は恐れたように姿を消していった。

あ　…こ、これは認めていただいた、ということでよろしいのでしょうか…？

ス　…まぁ、おそらくな…。とにもかくにももうすぐ山頂や。行こか…

…そうして、「西の覗き」から約15分。

ようやく見えてきた山頂に位置する、大峯山寺。

いよいよここに、「伝説の呪術師」役行者が待っている…。

あ　着いたー!!!!

…と、同時に…？

ズルッ！　ズデーンッ!!!!

氷結した地面によって転倒し、全身強打。

あ　痛いぃぃぃ、痛いよぉぉぉぉお…

？　フォッフォッフォッフォフォッ…

突如として聞こえてきた声に反応すると、大峯山の頂上の雪原に…？

…。

……。

………。

…………。

飛鳥時代を生きた、「伝説の呪術師」役行者が、その姿を現した。

あ　あ、あなたが、役行者…さん…

役行者　左様…。うちの前鬼と後鬼が大変な失礼をした。申しわけない…。おい、謝らんか!!

前鬼　グ、グゲゲゲゲ…（ペコリ）

後鬼　ゴゲゲゲゲ…（ペコリ）

役行者　すまんが、これで許してやってはくれんか…。悪い奴らではないのだが、不器用な奴らでな…

あ　い、いえ！　とんでもない!!　もう大丈夫です…

役行者　して…、ニギハヤヒから話は聞いておるぞ…。なにやら瀬織津姫について、求めているものがいると…

あ　は、はい…。それで役行者さんのもとに行くと、なにかしらの手がかりをいただけると聞いたもので…

役行者　ふむ…。その前に…アメノシタハル…。お前もひさしぶりじゃのぅ…

シタハル　役行者さま…、おひさしぶりでございます

あ　………。あ、あの…シタハルさんって神さまですよね…？　神さまが元人間に敬語…？

ス　…まぁ人にも関わらず、それだけの恩が、役行者にあるということやろうな…。それも瀬織津姫に関して、のな…

役行者　それにスサノオさま…。大変ご無沙汰しております…

あ　そして、スサノオさんには敬語…

ス　俺、俺、俺を誰やと思ってんねん。俺は俺、俺、俺やぞ

役行者　…それでは本題に入ろう…。お主は瀬織津姫を求めているそうだが…。その理由を聞かせてはくれぬか…

あ　は、はい…。ぼ、僕はひょんなきっかけで瀬織津姫さんと、ニギハヤヒさんという封印されたといわれている神さまたちの存在を知り、この旅を始めることになりました…。そのなかで感じたこと、それは…

役行者　ふむ…

あ「あるべきものを、あるべき形で伝えたい」ということでした…。今この現代でも、さまざまな形で瀬織津姫さんやニギハヤヒさんについては、伝えられているのですが、その多くがどうしても、高波動や次元上昇といったようなむずかしい話ばかりで、「瀬織津姫」という神さまがどういう神さまで、「なぜこれだけ時代を超えて、多くの人に愛されているのか？」を語る人に出会ったことがありません。そこを僕は知りたい。なぜ無限にいる八百万の神々のなかで、「瀬織津姫」という神さまが、ここまで時代を超えて愛されているのか？　その理由を、これまでの人と神の歴史をあるべき形で知り、あるべき形で伝えたい。それが僕の、この瀬織津姫を巡る旅の見据える未来です

役行者　…そうか…。それを望むのであれば、…お主は少し…、ワシらの生きた時代のことを知らねばならない…

あ　役行者さんたちの生きた時代を…知る…？

役行者　スサノオさま…。少しこのものをお借りいたしますが…

ス　煮て食うなり、焼いて食うなり、好きにしろ。まぁ食っても全然うまくもないハゲ頭やけ……

スサノオさんがその言葉をいい終わるか、終わらないかのうちに…。
僕の視界がグルングルンと音を立てるように回りはじめ、同時に辺り一帯が真っ赤に燃え上がりはじめた…。

役行者　…少し儂（ワシ）の術にかかってもらうぞ…。大丈夫じゃ…怖いものではない…

…「役行者の生きた時代を生きる」…。

一体なにが始まるのか…？

瀬織津姫を巡る旅は、その最大の手がかりを握っているという、役行者の生きた世界へと、歩みを進めていく。

□■□■□

今回登場した大峯山寺の紹介

所在地：奈良県吉野郡天川村大峯山 山頂
交通アクセス：近鉄下市口駅から「洞川温泉」行 乗車約80分。洞川温泉バス停から徒歩で240分（大峯大橋登山口まで約60分。大峯大橋登山口から大峰山寺まで、片道約3時間）

□■□■□

第27話　伝説が生きた時代

男1　おい…！　小角（おづぬ ※役行者の別名）っ!!　起きろっ!!

あ　ハッ!?

目を覚ますと、そこには見たこともない景色。

あ　こ、ここは…？

男2　おい小角、なにを寝ぼけてるんだ。ったく、こんな大切なときに、疲れてるんじゃないだろうな？

あ　え…？　え…??

…突然の展開に困惑していると、どこからか、役行者の声が聞こえてきた。

役行者 …時は飛鳥の時代…690年…。鸕野讃良(うののさらら)こと、持統天皇…ヤマト政権の時代のこと…。お主の名は、「役小角(えんのおづぬ)」…。歳の頃は56…。お主はわれで、われはお主なり…。安心せぃ…必要な力は授けるゆえ、われのように振る舞うがよい…

男1 おい、本当にしっかりしろよ。もう来るぞ。ほれ、武器を持て！

役行者 そのものは儂(ワシ)の仲間のひとりであり、「山の民」…。ここは難波（現在の大阪）からヤマトにいたる、竹内街道を眼下に臨む崖の上…。今われわれは、「ある目的」のために、ともに動いている…

男2 ほれ、来たぞ!! やつらだ!!

ヤマトへの膨大な捧げものを運搬する、贄担(にえかつ)ぎの列だ!!!

行けー!!

その男の合図とともに、僕（役行者）の身体が勝手に動き、同時に100人以上の「山の民」が、そこかしこから一斉に姿を現し竹内街道を歩く、その隊列を襲った。
や、やめてくれぇぇぇぇ!!!!

一瞬の攻防だった。

贄担ぎたちが運んでいた捧げものは、一瞬にして「山の民」に奪い取られ、同時にまるで獣のような速さで「山の民」はあちこちに散らばり、それぞれが荷を担いで、姿を消していった。

…場面が変わり、ここはおそらく…「山の民」たちが暮らす場所…？

先ほど奪い取った、ヤマトに捧げられるはずだった大量の海の幸や山の幸を肴(さかな)に、「山の民」たちの宴が始まる。

男1　ハーッハッハッ。大成功、大成功。なぁ、小角!?　見事なもんだったぜ

男2　それにしても、贄担ぎの奴らに罪はないからな。心は少し痛むもんだ

…そんな彼らの言葉に、僕（役行者）の口が勝手に動いて、言葉を発する。

あ（役行者）　構わん。われらは、悪事をなしているわけではない。ヤマトへの捧げものであろうが、民のものを民に返すだけだ

…そうしてチラリと横に目を向けると、数百人は超えるであろう、老若男女の「山の民」たちがうれしそうに捧げものを料理し、食事をしている姿が目に入った。

あ（役行者）　このものたちはみな、かつては葛城山のふもとの村に住み、ヤマトのために使役されていたものたち。ヤマトの奴らの課す、あまりの重労働と重税に耐え切れず、葛城山に逃げ込み「山の民」となった…。ここではみなで助け合い、狩りをし山の幸を分け合う。ここにいる限り、食うに困ることはない…

男1　…なぁ小角…。これからこの天地はどうなるんだと思う…？

あ（役行者）　…さぁな…。ただ天地が自分たちの所有物であるかのように宣言した許せぬ連中がいる。ヤマトの連中

だ。奴らは戸籍なるものをつくり、人民を管理し、もともとそれぞれが所有していた田畑を自らの裁量で身勝手に民に分配し、税を取り、民を使役し、兵役を課す…。それの中心となって事を進めているのが、鸕野讃良（うののさらら）（※持統天皇）だ

男１＆男２　…それだけは許してはならない…

あ（役行者）　…左様…。噂によると、奴らは新たなる神話をつくり上げ、自分たちが天の神の子孫であると名乗り、自分たちの権威をかさ上げし、タケミナカタ、瀬織津姫をはじめとして、これまで存在していた土着の神々を葬り、神々すらも自分たちの配下に置こうともしているという…。まるで自分たちが「神」であるかのように、思い上がった奴らに思い知らせてやる…。「この天地は誰のものでもない」ということを…!!

…しかし…。

役行者、「山の民」の思いに反して、持統天皇のヤマト政権を中心とした国家形成に対する執念と力はすさまじく、国家形成は着々と進み…。

同時にヤマト政権の国家体制の象徴でもある都、「藤原京」の造営が進んでいった…。

男１　おい、小角！　どうする!!　あんな巨大な都（藤原京）ができたら、もう俺たちなんか太刀打ちができねぇぞ!!

男２　あいつらっ!!　ますます力をつけてやがる!!　なんだよ!!　一体なにが鸕野（うのの）を、そんなに突き動かしてやがるんだよっ!!

あ（役行者）　………。…おそらく…「焦り」…だろうな…。「壬申の乱」を勝ち抜き、ともに政権を勝ち得た夫であり盟友、先代の天武天皇…。天武が掲げ、しかし志半ばで叶（かな）えることのできなかった、「民の誰もが飢えることなき、強い国をつくる」という思い…。鸕野はその一点しか見ていない…。…しかし見据える形は同じであれど、鸕野の見据える未来には民の存在も、神の存在もない。「亡き天武の遺志を形にすること」しか見えていない…

男１　それがわかったところでどうするんだよ…！　このまま、俺たち「山の民」もひっ捕らえられて、ヤマトにいいようにつかわれちまうぜ!!

男２　小角…っ！　なにか!!　なにか、頼む…っ!!

あ（役行者）　………。…仕方ない…やろう…

…そうしてヤマト政権の国家形成に立ち向かう「山の民」たちの戦いが始まった…。

…しかし…。

男1　うっ、うっ…。神々の住まう神聖なる山を燃やすなんて…。こ、こんなことって…ねぇよ…

男2　女、子どもも、老人たちもみんな捕まって、東の未開の地へ連れていかれてしまった…。最下層の身分として、一生使役されるんだってよ…

あ（役行者）　…私は一体…、なにをしているのか…。こんなことのために…、仏や式神の力を借りたかったわけではない…

男１＆男２　…お、小角…？
あ（役行者）　…まだ…修行が足りない…。「憎悪よりも愛を…恨みよりも憐れみを…復讐よりも慈しみを…」
男１＆男２　…おい！　小角!!　小角っ!!

…そうして役行者は699年、「民を言葉によって惑わしている」という、いわれのない罪を抵抗なく受けて、伊豆島に流罪となる。

持統天皇をはじめとしたヤマト政権に対する、ある「起死回生の一手」をその胸に秘めながら…。

第28話　時空を超えた女神

「五色の雲にのって自由自在に空を飛び、伊豆大島から毎晩海上を歩いて富士山を登り、その土地の神すらも使役し、鬼神を従えて家来のようにつかっていた」。

役行者に関して現在伝えられている主な伝説は、この伊豆島での時期のことについてである。この伝説のひとつひとつはヤマト政権自体が、役行者の得体のしれない能力や呪術、それを用いて、またヤマト政権に牙を剥(む)いてくるのではないかという、恐れを抱いているという証拠でもあった。

「伊豆に閉じ込めたところで、いつ海を渡って復讐に来るかわからない」。

そんな、まことしやかな噂が表面化した結果なのか。流罪からわずか1年半のこと。
701年1月に役行者はその罪が許され、元の地に帰ることを許された。…しかし、…その時には…、役行者の命の終わりが迫っていた…。

弟子1　役行者さま!!
弟子2　役行者さま!!　逝かないでください!!　まだ私たちにはあなたが必要です!!
あ（役行者）　…ヤマトは…、…ヤマトは今…どうなっている…？

弟子たち　………

あ（役行者）　死の間際に、思い遺すことがあるのも嫌なものであろう…。大丈夫じゃ…遠慮せずにいうがよい…

弟子１　…ヤマトの国家形成は着々と進んでおり…、いよいよ…最終段階に入っております…

あ（役行者）　…最終段階とは…？

弟子２　…戸籍の作成、田畑の分配と税の徴収による民の管理もほぼ終わり、自分たちが最高神天照大神さまの子孫であるということを広めることで、王としての権威づけも着実に広まっており、タケミナカタや事代主をはじめとして、最高神の権威に関わるほどの力を持ったこれまでの土着の神々は、新たにつくられる神話のなかで貶（おとし）められた存在として描かれ、それらの神々を祀る神社の祭神を、強制的に変更させていっているそうです…。

…そのヤマトの支配が及んでいない地域も、残すは三河（現在の愛知県周辺）より、東北の蝦夷（えみし）の地のみとなりました…

あ（役行者）　…ふむ…蝦夷…。われら「山の民」と同じ、ヤマトの支配が及ばぬ「化外（けがい）」のものか…

弟子１　…ヤマトの者ども…、最後は三河の地へ行幸し、いよいよ「瀬織津姫」を祭神変更し、封印する算段だそうです…。三河の地は東北蝦夷の地と、ヤマトの「境界（きょうがい）」の国ですから…。あの地を抑えることができたなら、未開の地東北にも、ヤマトの権威を及ぼしていくことができる…

あ（役行者）　…「水の神」…瀬織津姫は…、われら修験者にとっても…、またこの天地に生きる、生きとし生けるものすべてにとって大切な神…。…それだけは…ならんな…。水があるからゆえ、われら人間も動物も生きることができ、水があるからゆえ、この海、山、川の自然も、万物も育まれる…。水無くして、この生命無し。水無くして、この天地無し。水こそが万物の根源なり…。…「水の神」瀬織津姫だけは…、なんとしても守らねばならぬ…

弟子１＆２　…はい…。われら修験者にとっても、滝こそが修行の聖地であり、瀬織津姫さまは滝を守る女神でもあります…。その存在を封印することは、決して許されぬこと…。阻止するためには、再び立ち上がるしか…

あ（役行者）　…フフッ…そう熱くなるでない…。儂（ワシ）は以前闘いの決断をした時に、大きな過ちを犯してしまった…。それはな…

弟子１＆弟子２　…大きな過ち…？

あ（役行者）　…鸕野の思いにまで、心が至らなかったことだ…。鸕野は鸕野なりに信念のもとに生きている、ということだ。
その民の管理がわれわれ「山の民」にとっては、不都合なことだったかもしれないが…。
近い将来、天武、そして鸕野が築き上げたこの国の礎によって、多くの民たちが飢えることなく、満たされる世の中がやってくるのかもしれない…。今やるべきはヤマトと真っ向から対立するのではなく、怒りがあるならそれをグッと呑み込んで、大きな愛を持ち、ヤマトの連中のやっていることを受け入れて、そして今自分たちにできる、最良の選択を積み重ねることじゃ…

弟子１＆弟子２　…し、しかし…、だからといって神々の姿を変えて、封印するなどという暴挙は…⁉

あ（役行者）　それも今では、まだわからぬことではないか…。人の頭で、神の力を決して侮るでない…。真実の神であるならば、たとえ人の力でどのような封印を施されようとも、必ずいつか形を変えてでも、その真実の姿を現す時がやってくる…

弟子１＆弟子２　そ、そうなのでしょう…か…

あ（役行者）　…左様…。真実の女神は…いつか必ず復活する…。そのためにわれら人は、今できる最良を尽くすこと以外にあるまい。そしてそれこそが、必ず神に尽くす道となる…

弟子1&弟子2　し、しかし…そのためには、…私たちは一体…なにをすれば…？

あ（役行者）　…ヤマトの連中は…神話やさまざまな形を通して、これまでの土着の神々に新しい意味や名前づけをして、新たなる神として周知しているのであろう…？　それを逆手に取るのじゃ…

弟子1&弟子2　…逆手に…取る…？

あ　…左様…。そしてこれは死にゆく儂（ワシ）が、できることではない…。これからも生きゆくお主たちが、代々受け継ぎ、つないでいってほしい…

弟子1&弟子2　…は、はい…！

…そうして役行者が、その命の最期に伝えた、「瀬織津姫」を守る方法。

それは、「形の違う神を新たに祀り、そのなかに瀬織津姫を隠し、祀ること」。

…役行者のその遺志を継いだ修験者たちは、後に空海が唐より持ち込んだ不動明王の図像のなかに、瀬織津姫を隠し祀った。

不動明王が持つ、その憤怒(ふんぬ)の表情とその背後に燃え盛る炎は、かつての「山の民」たちの怒りの表れでもあるといわれており、そして不動明王は今この現代でも、「不動の滝」と冠する滝が多くあるように、「滝を守護する存在＝水の神」として、今も多くの修験者たちを見守っている。

そしてこの役行者が伝えた手法は、山から山へと、全国津々浦々に散らばっていった彼の弟子、修験者、山伏たちの手によって全国に広まり、やがて、「瀬織津姫」としてのその名を封印された女神は、水大神、滝大神、滝姫神、小河天神、龗神（おかみのかみ）、弥都波能売神（みづはのめのかみ）…。

時にはその神名から連想される美しさによって、コノハナノサクヤヒメ、弁才天、織姫、イチキシマヒメとしても、大切に守り、祀られつづけた。

しかしそれらの神々の内側には、役行者をはじめ、時代を超えたさまざまな人々の愛によって、大切に守られた「瀬織津姫」がその身を隠しているという。

…これが今この現代でも、さまざまな名前と側面を持つ「謎多き女神 瀬織津姫」が歩んできた、人と神の歴史の足跡である。「歴史の闇に葬られた女神」は、多くの人々の手によって、「時空を超えて、愛される女神」となった。

…そしてヤマト政権の国家形成に、その人生を捧げた持統天皇は、702年、三河地域の「瀬織津姫」を祀る神社の祭神を強制的に変更させたといわれている「三河行幸」を終えた直後に、その人生を終えた。

彼女のなかには、「夫 天武の夢見た国家を必ずつくり上げる」という、なにごとにも優先されるべき、妻として、女としての強い気持ちと同時に、やはりどこかで神々に対する自責の念があったのであろう。
「三河行幸」を終えた持統天皇の、頭髪は真っ白になり、責任感と重圧から解き放たれた、その表情は、今にも朽ちゆく老婆のようであったという。

…そしてこの、『スサノオと行く瀬織津姫、謎解きの旅』も、この大きな謎のひとつの解明によって、瀬織津姫が鎮まる「最後の地」へと向かうことになる。

第29話　置き去りにされた女帝の魂

「伝説の呪術師」役行者が、生きた時代を生きる。

時空を超えた旅を終え、僕は目を覚ました。

ス　おはよう

あ　どうも。僕はどのぐらい寝ていたんですか？

役行者　時間にするとわずか…。数分の話じゃ…。本来この世には時間という概念もなければ、過去、現在、未来という境目もない。お主たちが望むのであれば、どの時代にでも、意識を飛ばして行ける

あ　…なんだかすごい…、歴史の裏側を見た気がします…

役行者　儂(ワシ)が見せた世界も、あくまで世界のひとつの側面…。それを見てなにを感じ、今後にどう活かすか、それはお主次第じゃ…

ス　で、お前どうすんねん？

あ　どうする、とは？

ス　この旅の「これから」や。役行者が、瀬織津姫が封印された時代の世界を見せてくれたことによって、ある意味これでお前が求めていた、「瀬織津姫がなぜここまで、時代を超えて愛される神になったのか」、ということの答えもわかったやろう。
これで一応ニギハヤヒと瀬織津姫、双方の謎が解けた。もう会いに行こうと思えば、瀬織津姫も姿を現すと思うけどな…

あ　………

ス　なにをブルドッグみたいな顔して、考えこんでんねん

あ　誰がブルドッグや。いや、違うんです…。なんだかすごい今、「違和感」があって…

ス　なんの違和感？

あ　…ここまで至れたのって、役行者さんに教えてもらったからであって、僕はほぼ、なにもしていません。役行者さんに見せてもらった世界を受けて、僕自身の力で、なにかをしないといけない気がして…

ス　…まぁ、そうかもな…

あ　そう考えると、確かに当初僕が求めていた、瀬織津姫さんとニギハヤヒさんという、神さまについての謎は、これまでの過程である程度、解けたように思います。
でもなんなんでしょう？　このまま僕が瀬織津姫に会いに行ったとしても、なにかを置き去りにしてしまっているような気がして…

ス　なにを置き去りにしてる？

あ　おそらく…持統天皇…。このままこの旅を終えてしまうと…、持統天皇の魂が浮かばれないように思えるんです…

役行者　…なぜそう思う…？

あ　確かに僕は役行者さんたち、「山の民」の生きた時代を生きることで、その時代の過酷さ、そして国家というものが成立する過程の、裏側を見た気がします…。
でも…、それでもどうしても、僕はやっぱり…、持統天皇を責める気にはなれないんです…

役行者　…聞こう…

あ　役行者さんと同時に、持統天皇の生きた時代を生きたからこそ、感じたことだったんですが…。あの時代に流れていた空気は、「苦しみ」でした…。ただ、ただ、「苦しみ」でした…。先代の天皇であり夫、天武天皇の志半ばで散った夢を受け継ごうとする、重責と「苦しみ」。日本に初めての国家というものをつくろうとした、産みの「苦しみ」。この途方もない事業を、持統天皇は女性という立場でひとり立ち向かい、そして…成し遂げたわけ…ですよね…

役行者　…左様…

あ　…そう考えると、やはりなおさら責めることはできません。確かに神さまを封印したり、祭神を変更したりなども含め、やり方がベストな形ではなかったのかもしれません。…それでも天武天皇、その後を継いだ持統天皇の積み重ねた足跡があったからこそ、今この僕らが生きる、日本という国の礎ができたという事実に、変わりはないと思うんです。それをたったひとりの女性ですべての責任を背負い、時に多くの人の憎悪の対象となりながら…。そして今この現代でも時に持統天皇が、「悪の権化」として伝えられていることを思うと…、持統天皇の魂をこのままにしておくことは、心が痛みます…

役行者　…お主のいうとおりじゃ…

あ　え？

役行者　…儂(ワシ)ら「山の民」もな、鸕野の気持ちは、わかってはいたのじゃよ…。…そう、鸕野は鸕野なりに…、必死に闘っていたのじゃ…。夫 天武の遺志を継ぐことが、この国の民のためになると信じて、な…

あ　…そう思います…

役行者　…ただいつの時代も、人は完璧ではないではないか…。それは怒りのあまり、ヤマト政権と戦い、多くの犠牲者を出してしまった儂（ワシ）も然り。そしてこの日本に存在する八百万の神々も然り…。未熟で不完全でありながら、それでも必死にそれを乗り越えて、神々もまた成長をしていく…

あ　…そう…ですよね…

役行者　…儂（ワシ）はすでに、鸕野讃良（うののさらら）という存在に対して、心の陰りは一切持っておらん。ただ本人が自分のことをまだ、許せていないのかもしれんがな…

あ　本人がまだ、自分のことを許せていない…？

役行者　…左様。鸕野もただ自分が権力を欲しくて、瀬織津姫はじめ、土着の神々を封印したわけでもないのじゃよ…。…ただ壬申の乱という史上最大の内乱を越えて、「反逆者」という立場から王になったものが、この国の民を率いていくために、自分たちが「最高神の子孫である」という権威を持つ必要があったからこそ…、心を鬼にしてやらなければいけないことだったのじゃよ…。…それを儂（ワシ）らはもう理解しておる…。…だからこそ…、鸕野や儂（ワシ）の生きた時代を垣間見たものとして…、…せめてお主だけは、鸕野の気持ちを理解してやってほしい…

あ　…は、はい…

…この旅の目的は、誰かを悪者にすることではなく、僕自身が、「あるべきものを、あるべき形で知り、伝える旅」。

それは瀬織津姫然り、ニギハヤヒ然り、持統天皇も、然り。

そのためには、「瀬織津姫」という、この旅の最後の神へと向かうその前に、混沌（こんとん）とした時代のなかで、愛する夫のために、「鬼」とならざるを得なかった、ひとりの女性「鸕野讚良（うののさらら）」という、歴史の激流に置き去りにされた魂を鎮める旅に出る必要がある。

第30話　持統天皇とニギハヤヒの和解

『スサノオと行く瀬織津姫、謎解きの旅』。
ひょんなきっかけで始まったこの旅は、思わぬ形で人と神の交錯する歴史に足を踏み入れることになり、時に必死に学びながら、それでも「感じる」気持ちと神々に対する敬意と感謝を忘れないように、歩いてきた。

今回のこの瀬織津姫を巡る旅は、これまでのどの旅とも違い、本当にむずかしかった。

知識に寄りすぎてもダメだったし、かといって、感じるままに書くだけでは、歴史の裏側までをひも解いて描くことはできない。非常に微妙なバランスを常に求められつづけた、長く繊細な旅だった。

ただその「繊細さ」というものが、瀬織津姫という女神に触れるうえで、最も必要な感覚だったのかもしれない。

この旅が終わりを迎えようとしている今、思うこと。

それは、「後悔を残したくない」ということ。

これまでの人生で一番、学ぶことに費やした期間だったから。
神々の歴史と人の歴史の裏側を理解しようと、頭を抱えた期間だったから。

この「瀬織津姫を巡る旅」のクライマックスは、最高な形で迎えたい。

そのためには、瀬織津姫のもとへと向かう前に、どうしても行かなければいけないところがある。

それが、瀬織津姫とその夫神ニギハヤヒを封印したといわれている「史上最悪の女帝」と呼ばれた、持統天皇の魂が鎮まる墓だった。

ここに来るのは、今年の１月と合わせて２回目。その時は僕が持統天皇の魂を前にして、「ニギハヤヒ」という名前を出したその瞬間に、

「…その名前は聞きたくない…。…祟りが…、ニギハヤヒの祟りが…」

という言葉と苦しそうなうめき声を上げて、持統天皇の魂は、その姿を消してしまった。

今思えば、この時の持統天皇の魂が発した「ニギハヤヒの祟り」という言葉が、天武天皇、持統天皇晩年に起きた祟りを調べるきっかけになり、そこから、ニギハヤヒという神の謎の解明につながる、大きな手がかりになってくれたとは思う。それでもやはり気にかかるのが、このまま僕がこの旅を終えてしまったら、持統天皇の魂から感じた、あのもの悲しさと苦しみは、どうなるのだろう？　ということ。

そう思うとやはり、この旅を終えるその前に、持統天皇の魂に、もう一度触れておかなければいけない。

自分になにができるかなんてわからないし、なにができるとも思っていないけど…。

その地に赴くことに意味がある。

そう思って大峯山を降りたその足で、再び僕らは持統天皇の魂が鎮まる、奈良県は明日香村にある「持統天皇陵」に降り立った。

ここに鎮まるのは決して、「史上最悪の女帝」などではなく、女性という身でありながら亡き夫の意志と夢を継ぎ、男以上に強き女として未完成の国家の長となった持統天皇。

いや、持統天皇である前に、13歳のころから夫天武に恋し，日本史上最大の内乱「壬申の乱」をともに乗り越え、最愛の夫に生涯を捧げることを誓った、ひとりの「鸕野讃良（うののさらら）」という女性であること。そんなことを思いながら、その魂に思いを馳せた。

…そこに…？

鸕野讃良こと、持統天皇の魂が現れた。

持統　…また…そなたか…

あ　…何度も…すいません…

持統　…なんの用じゃ…？

…持統天皇にそう問われても、僕に咄嗟に出てくる言葉はなかった…。なにかを伝えようとして、ここに来たわけではなかったから。

持統　…用がないのであれば、簡単に来るでない…

そういうと、持統天皇はその姿を消そうとした。

…このまま終わっていいのか…？　そう思ったその瞬間…。

あ　待ってください!!

持統　…ピクッ…

あ　な、なにを伝えればいいのか、わかっていないのですが…

持統　………

あ　あ、ありがとうございます…！　僕はあなたに、感謝しています…！

持統　…感謝…？

咄嗟に出た僕の言葉に、持統天皇の魂は、いぶかしげに僕の顔を見る。

持統　…感謝？

あ　い、色んな人が…色んなことをいいます。けど、僕は…あなたがいてくれたから…、今のこの…日本があると思っています…。誰が…なんて言おうとも、それは偽らざる真実だと思い…ます。だから…、こんなことをいってすいません…。胸を張って鎮まっていてほしい…です…

持統　………

あ　本当に…偉大な先人に…、偉そうにいって…すいません…

…そこから、どれぐらいの時間が経っただろうか…。長く、苦しい沈黙の時間が過ぎ…。

あ　…え？

持統　う、うぅっ…うぅっ…

…泣いていた。

あの「史上最悪の女帝」といわれ、時に鉄の女、氷の女、鬼となった女とすらも呼ばれた、あの持統天皇が泣いていた…。

持統　うぅ、うぅぅぅぅ…

あ　あ、あの…

ス　なにもいうな。今はなにもいわずに、泣かせてやればいい…

持統　うぅぅぅぅ…うぅぅぅぅ…。うっ、うぅぅぅぅぅぅ、うぅぅぅぅぅ…

かつて途方もない執念と、夫との約束を守るために都を築いた、奈良の天地に持統天皇の泣き声は響き渡った…。

いや、その声は「女帝 持統天皇」ではなかった。

ひとりの女性、「鸕野讃良」の姿がそこにあった…。

…その時だった…。

突然僕の首にかけていた隕石のネックレスが、燃え上がるような熱をもち、突然辺りを吹き飛ばすぐらいの圧倒的な神威が爆発するように広がり、…そこに、「この世の始まりを告げる神」ニギハヤヒがその強烈な姿を現した。

あ　…え⁉　ニギハヤヒ…さん…⁉　ど、どうして…⁉

持統　ニ、ニギハヤヒ…！ ニギハヤヒ…‼　ヒ、ヒィィィィィィィイ‼‼

今度は持統天皇はニギハヤヒさんの姿を見て、恐怖におののき、叫び、喚(わめ)いた…。

あの天武天皇、持統天皇晩年の、国を壊滅させるほどの、「ニギハヤヒの祟り」を思い起こしたのかもしれない…。

あ　ニ、ニギハヤヒさん…、どうして…？

ニギハヤヒ　…よい機会だ…。私の封印を解いたお主（荒川祐二）がいるからこそ、私もこうして姿を現すことができる…

あ　い、一体、なにを…？

隕石の力によってこの星を破壊し創造した、次元の違う伝説の神の言葉の真意がわからず、僕も正直うろたえるばかりだった…。

泣き喚く持統天皇に、うろたえる僕…。

そんな僕らに、ニギハヤヒさんがゆっくりと言葉を発する。

ニギハヤヒ　…持統よ…

持統　ヒィィィィィィィイ!!　ヒ、ヒィィィィィィ!!

ニギハヤヒ　…もう己を…許してやってはどうだ…？

あ　…え？

…聞こえているのかいないのか、持統天皇は両手で頭を押さえてガタガタ震えている…。

ニギハヤヒ　…私たちはお主に決して、祟るようなことはしておらん…

あ　ど、どういうこと…ですか…？

ス　…ん…。まぁ大概の場合「祟り」というものは、自らが犯した罪や行動に対しての、罪悪感や自責の念によって引き起こされるといった場合や、もしくは起きた現象自体を、自らの罪悪感によって「自分が引き起こしてしまった祟りだ」と思うことにある、ということや

あ　そ、そうなんですか…

スサノオさんと僕の会話を尻目に、ニギハヤヒさんが持統天皇の魂に、言葉を発する。

ニギハヤヒ　…このもの（荒川祐二）がいる今だからこそ、伝えよう…。人間が施した封印などという小さなもので、神の存在を抑え切れると思うな。お主（持統）が国家の長としてやろうとしたこと、見据えた未来、そのひとつひとつは決して、否定のみされるべきものではない。…

持統　………

ニギハヤヒ　見よ、こうして豊かな国の礎を築いたのは誰なのか？「誰もが飢えることなく平和で、豊かな時代をつくる」という天武の遺志を、時を超えて形にしたのは誰なのか？　すべてお主ではないか

持統　…し、しかし…、私はその未来のために障害となると思えた、多くの神々があなたさまの存在を闇に葬ろうとし、同じく絶大な力を持つ瀬織津姫という存在を消し去ろうとしました…

ニギハヤヒ　神を侮るな。ましてやわれわれ、万物創成の神々を侮るな。しかし、あえて人の世界でいうならば、お主が施した封印によって、今も私たちはこうして多くの人間に、謎の解明という建前のもとに忘れ去られることもなく、たくさんの愛情に包まれることができているのではないか…

持統　…うっ、うっ…

ニギハヤヒさんのその言葉に、持統天皇から溢れる涙が止まらない…。

ニギハヤヒ　この世はすべて、偶然という名の必然がつくり出す世界。たとえお主がかつて、自責の念を抱えながらしたことだとしても、今この現代ではこうして現実に、われわれに対してたくさんの愛が降り注ぎつづけているではないか。…そのお主の功績に感謝を伝えよう

持統　うっ、うぅ、うぅぅぅぅ…！　私は、わ、私は…！

ニギハヤヒ　…わかっている…。お主も辛(つら)かったのであろう

…。もうよいではないか…。お主は立派に、お主の使命のもとに生きた…。それでよいではないか…

…ニギハヤヒさんがそういうと、辺り一面が突然真っ白な光に包まれ…。

先ほどまでとは比べものにならないぐらい、優しく、やわらかい表情をした持統天皇の魂がそこに現れた。

持統　ニギハヤヒさま、そして瀬織津姫さま…。これまでの多くの神々さま…。私の無礼を…、心より…お詫び申し上げます…

ニギハヤヒ　…あぁ、もう終わったことだ…。これからはお互いに、よき未来のために、この世界を見守っていこうではないか

…持統天皇が生きた時代から、1300年以上という時を超え

て今、神と人の時空を超えた和解を、僕は目にすることとなった。

…いや、和解ではなく、神はそんな概念すらも超越している「愛」の存在だということを、この目に、この心に、強く焼きつけられたと思う。

…僕は一生、この日を忘れない。

もしかしたら持統天皇は、瀬織津姫とニギハヤヒを封印したことによって、自分で自分の魂を、封印してしまっていたのかもしれない。

燃え上がるほどの思いとともに、使命に生きた持統天皇という女性の魂の解放を終え、いよいよ最後の扉が開かれた。

「伝説の女神」、瀬織津姫に会いに行く。

第 31 話　瀬織津姫が歩んだ奇跡

瀬織津姫が愛した神、ニギハヤヒという神の正体。

瀬織津姫が時空を超えて、愛されつづけたその理由。

そしてその瀬織津姫とニギハヤヒという神を、国家形成の流れのなかで封印をしたという持統天皇の魂の解放。

そのすべてを終えて、いよいよ準備が整った。

「伝説の女神」、瀬織津姫に会いに行く。

…そして僕らは、この長きにわたった旅の最後の目的地として、岩手県は遠野市へと向かった。

なぜ遠野の地を、最後の地として選んだのか？

実はこの旅を本格的に始める前の早い段階から情報として、

「岩手県は瀬織津姫の聖地。それを伝える民間伝承がある」
と、僕の耳には入っていた。

『遠野物語』という、岩手県遠野市に伝わる、座敷童（ざしきわらし）や河童（かっぱ）をはじめとした、妖怪や小さな神々の民間伝承をまとめた説話がある。

その『遠野物語』には、このような記載がある。

「大昔に女神あり。
三人の娘を伴ひて此高原に来り、
今の来内村の伊豆権現の社ある処に宿りし夜、
今夜よき夢を見たらん娘によき山を与ふべしと母の神の語りて寝たりしに、
夜深く天より霊華降りて、
姉の姫の胸の上に止りしを、
末の姫眼覚めて窃に之を取り、
我胸の上に載せたりしかば、
終に最も美しき早池峰の山を得、
姉たちは六角牛と石神とを得たり。
(「遠野物語」2 神の始 より)」

これを簡単に訳すならば、

「大昔、遠野に女神が訪れた。その女神には3人の娘がいて、現在の来内村の伊豆神社で宿をとることにした。女神は3人の娘に向かってこういいました。

今夜よい夢を見たものに、よい山を与えましょう
その夜のこと、末娘がフッと目を覚ますと、長女の胸に天の華が舞い降り、止まっているのが見えた。

末娘はこれを手に取り、自分の胸に乗せかえた。こうして末娘はもっとも高く美しい早池峰山を。姉たちは六角牛山、石上山をそれぞれ得ることとなった」。

これだけを読めば、なにがなんのことだか、わからないのかもしれない。僕自身も最初はそうだった。

この『遠野物語』の一体どこが、瀬織津姫の聖地につながる物語なんだ？と。

…しかし、これまで多くの知識を学び、感覚を研ぎ澄ませてきた「今」だからこそ、わかることがある。

この『遠野物語』に伝わる、「大昔に女神あり」の「女神」こそ、「瀬織津姫」であるということが。

…その遠野物語に登場する「瀬織津姫」に会いに僕らは、東京から車で約7時間。

まずは先ほどの『遠野物語』の伝承のなかで、遠野に降り立った女神とその3人の娘が、山を分け合う話を語らったという「伊豆神社」に到着した。

ここの神社のご祭神はもちろん、「瀬織津姫命」。
そして伊豆神社の由緒によると、その別名を「おないさん」という。

…この「おないさん」という別名は一体なんなのか？

そしてなぜ瀬織津姫は、遠くこの岩手の地で、聖地として全国でもっとも数多く祀られているのか？（※岩手県内で瀬織津姫を祀る神社の数は23社。これは47都道府県で最多）

…これまでの旅と同じように、そのひとつひとつの謎をひも解き、瀬織津姫に対する「正しい理解」に近づいていかないことには、本当の意味での「瀬織津姫」に出会うことはできない。

…そうして、伊豆神社の境内にて参拝し、ここで「あるひとりの人間の女性」の魂に思いを馳せる。

その僕が思いを馳せた「あるひとりの人間の女性」こそ、ここ伊豆神社での瀬織津姫の別名である「おないさん」。

この「おないさん」とは、一体なにものなのか？

ス　…じゃあ、お前の見解を聞かせてもらおうか？「おないさん」とはなにものか？

あ　僕がこれまで調べた知識によると、おないさんとは…、瀬織津姫であり、瀬織津姫とは…、おないさんです

ス　そんな禅問答みたいな答えはいらんぞ。いつもみたいにお前らしく、わかりやすく、的確に答えろ

あ　先日役行者さんの生きた時代を垣間見た時、時のヤマト政権によって、「瀬織津姫」という名前も存在も奪われそうになった女神は、役行者をはじめ多くの人々の手によって、不動明王をはじめ仏や違う神のなかに、瀬織津姫を隠し祀られることで、その受難の歴史を乗り越えてきたという歴史の裏側を知ることができました

ス　ふむ…

あ　…そうして瀬織津姫は時を超えて、時に滝行を見守る不動明王として、時に水の神の化身、龍神として、時に水大神、小河天神、ミズハノメノカミと名前を変え、無限に形を変えて大切に人々に祀られてきました。その瀬織津姫が無限に祀られてきた形のひとつに…、七夕伝説の「織姫」があります

ス　………

あ　「織姫」とは…、七夕伝説でも伝わっているとおり、起源は機織りや織物の女神です。その「織姫」という名前。そして1年に1度、7月7日にしか、愛する男性に出会うことのできないという伝承を、引き裂かれた瀬織津姫とニギハヤヒに重ね合わせ、瀬織津姫を織姫と同一化して祀った、あるひとりの女性がいます…それが、「おないさん」

ス　………

あ　「おないさん」とは、平安の時代を生きた、三河地方に住むある女性と一説にいわれています。そんな三河地方に住む彼女がなぜ、遠く岩手の地に来たのか。
彼女は未開の東北の地に、養蚕（カイコを育て、糸を精製すること）と、織物の技術を教え、産業を発展させるために派遣された「拓殖婦人」だったといわれています

ス　…ふむ…

あ　彼女はヤマト政権が、東北の蝦夷を制圧した後の783年に、三河からこの岩手遠野の地に派遣された。そのとき同時に、自身の守護神として、大切に、大切に、ずっと隠して祀っていた、織物の神としての「瀬織津姫」を一緒に連れて行ったといわれています…

ス　………

あ　そして彼女はその後、この遠野の地に移り住み、3人の子どもをもうけて、この岩手・遠野の地の産業発展に生涯

を捧げた

あ　それによってこの遠野の地の人々に、おないさんはまるで女神かのように、大切に愛され、慕われた。そして同時に彼女が愛し、大切に祀り、三河からこの遠野の地に持ち込んだ「瀬織津姫」という存在もまた、瀬織津姫を封印しようとしていたヤマト政権から遠く離れた、この東北岩手・遠野の地で復活を果たし、遠野物語に伝わる「大昔に女神あり」のこの地で愛されつづける「女神」となり、この地（遠野）は「瀬織津姫の聖地」となった。…僕は瀬織津姫がヤマト政権から離れて岩手の地に来るまでの、この役行者さんから始まった、人と人がつないできた女神のバトンを知ったときに、鳥肌が止まりませんでした。「こんな奇跡のような歩みが、本当にあるのか」と…

ス　………

あ　…これがこの岩手の地が、「瀬織津姫の聖地」といわれている理由であり、時空を超えて人から人へと受け継がれた「伝説の女神」の、奇跡の物語の答えだったのです

ス　…そうか…。…ニギハヤヒの謎につづいて、よくぞここまで辿（たど）り着いた…

…スサノオさんとの会話を終えて、あらためて僕は、伊豆神社の本殿を見た。

そして、瀬織津姫が今日まで歩んできた受難の歴史と、かつてヤマト政権以前、この日本の7割以上の神社で祀られていたという、「伝説の女神」瀬織津姫を大切に思う人々が、さまざまな形で時代を超えてつないできた、複雑すぎる、それでもたくさんの愛に溢れた、その「奇跡の歩み」を思い返していた。

…そのときだった…。

？　お母さん、お母さん
？　キャッ、キャッ、キャッ
？　ワーイ、ワーイ

…3人の女の子の小さい声とともに…。

…「おないさん」とその3人の娘が、僕らの前に姿を現した。

おないさん　…ようこそ…おいでくださいました…
あ　…おないさん…ですか…。こんにちは…

おないさん　…あなたさまの歩みは、瀬織津姫さまとともに見させていただいておりました…。あなたさまが、滝に来られたときにお声がけをしたのも、私でございます…

あ　…ずっと、ずっと…、見守っていてくださったんですね…。…ありがとうございます…

おそらくおないさんは、この伊豆神社の地で瀬織津姫と同一化されたことで、その瀬織津姫のご神威も共有されているのであろう、温かいご神威と大いなる愛に包まれて、おないさんと話をしているうちに、自然と涙が溢れてくる…。

まるで昨年の夏にその偉大すぎるご神威に触れて、自然と涙が止まらなくなった、アマテラスさまに出会った時と同じように…。

おないさん　御礼を申し上げるのは、こちらのほうです…。…瀬織津姫さまを大切に思ってくださり…、本当に…本当に…ありがとうございます…

あ　いえ…そんなこと…、本当に…とんでも…ございません…

おないさん　…瀬織津姫さまも…、その歩みに…心より感謝していらっしゃいます…。
…どうぞそのままのお心で、お会いになられてください…。
…瀬織津姫さまも心待ちにしております…

あ　…瀬織津姫さまには然るべき場所で、お会いできたらと思っています…。その場所を…最後に教えていただけたら…

おないさん　瀬織津姫さまは…、多くの軌跡と奇跡を経て、この遠野の地の女神となりました…。この遠野は、早池峰山、六角牛山、石上山の「遠野三山」に囲まれた地でございます…。そして遠野物語にも伝わるとおり、早池峰山こそがもっとも高く美しい山…

あ　早池峰山…ですか…

おないさん　…早池峰山への登山口は東西南北に存在し、その四方の登山口それぞれに早池峰神社という、瀬織津姫さまをお祭りする神社がございます…。そしてその早池峰神社の奥宮が、早池峰山山頂に…

あ　早池峰山山頂…。…わかりました

おないさん　…東北の冬山でございます…。…道中どうぞお気をつけて…。…事故のございませんよう…、私もまた遠野三山を司る、私の３人の娘も見守っております…。…どうか素晴らしき旅路となりますように…

…その言葉とともに、おないさんと３人の娘は光を残して姿を消していった。
…『スサノオと行く瀬織津姫、謎解きの旅』。
時空を超えた「伝説の女神」を巡る旅は、最後に僕らを瀬織津姫の待つ、「早池峰山山頂」へと導いて、長い旅の幕を閉じることとなる。

最後までむずかしい話に向き合いつづけた、たくさんの思い出と成長、神と人の歴史、先人たちがつないできた軌跡と奇跡。

…さまざまな思いを胸に、瀬織津姫の待つ最後の地「早池峰山山頂」へと、僕らは歩みを進めていく。

□■□■□

今回登場した神社の紹介

伊豆神社

所在地：岩手県遠野市上郷町来内第６地割32－２

交通アクセス：岩手上郷駅から3.7km（徒歩46分）、口来内線「来内権現」バス停から徒歩５分

□■□■□

第32話　瀬織津姫との約束

「伝説の女神」瀬織津姫の待つ最後の地、早池峰山。
そちらへ向かう前に、僕らは瀬織津姫を祀る最北端の神社、岩手県は八幡平にある、「桜松神社」に来た。

この桜松神社には瀬織津姫に関する、あるすてきな伝承がある。

＊＊＊＊＊

その昔二人の老夫婦が水を汲みに川の上流まで来ると、
桜の花が咲いている松の木を見つけました。
不思議に思いさらに進むと、
川底にきれいな姫が写って見え、
そちらに進むと今度は滝が見えました。
その滝を見ておじいさんは、
荘厳な滝の力強さに不動明王の姿を。
おばあさんは白糸の機を織る姫の姿を感じて、
不動明王と瀬織津姫を祀ったということです。
なお、瀬織津姫を祀った社には、

桜の花が咲いていた松の木にちなんで、
桜松神社と名づけられました。
(以上、桜松神社由来より)
＊＊＊＊＊

ここにも、これまでの旅で伝えてきた、不動明王、そして「織物の神」織姫として、時空を超えて、さまざまな形で隠し祀られてきた、「謎多き女神 瀬織津姫」の歩んできた歴史が証明されたようで、身震いが止まらなかった。
また先ほどの伝承のとおり、ここの瀬織津姫を祀った社に、桜の花が咲いていた松の木があったことから、瀬織津姫はここで「桜の女神」として、新たな一面を持つことになったという。
…この桜松神社でも感じたことだったが、岩手の地の瀬織津姫を祀る神社を巡ると、実際にこの地で瀬織津姫がいかに大切に祀られてきたかがよくわかる。

さまざまな地を巡り、ようやくたどり着いたこの地で、瀬織

津姫が感じたのであろう、たくさんの愛と喜び、安心感に包まれて、桜松神社境内にある「不動の滝」から壮大な力を感じる。

そこに確かに、瀬織津姫の姿を感じながら、いよいよ僕らは早池峰山へと向かった。

3月とはいえ、当然ながらまだ岩手・早池峰の地は、深い雪に包まれていて、登山口に向かう麓にある、瀬織津姫を祀る早池峰神社も、歩くのもままならないほどだった。

スノーシューからストック、アイゼン、ピッケル、服装に至るまで完全防備を施し、僕らはいよいよ、瀬織津姫の待つ早池峰山山頂へと足を向けた。

麓から見る早池峰山の稜線は美しく、最高の天気に恵まれたこの日はまるで、瀬織津姫が歓迎をしてくれているかのようだった。
…ただ、冬の早池峰山の登山（登拝）は決して甘いものではなく、完全防備をしているとはいえ、何度も何度も足を取られ

正直大変な道中ではあるが、ここに至るまでの昨年の秋からの積み重ねを考えると、辛さ以上に感慨深く、苦しみ以上に喜びが大きかった。

早池峰山にも流れる美しい滝を横目に思うことは、ここまで来れたことへの感謝と、「あきらめなくてよかった」という思い。

昨年夏の『神さまと友達になる旅』は、「勢いと感覚」だけに任せる旅だったけど、今回の旅ほど、これまでの人生で「根気」が求められることはなかった。

ひょんなきっかけで、瀬織津姫とニギハヤヒのことを知ろうと思って始まったこの旅は、深すぎる謎と高すぎる歴史の壁が何度も何度も立ちはだかり、前に進もうにも進めない日々ばかりがつづいた。

なんとか打開策をと思って、本や資料で瀬織津姫やニギハヤヒのことを勉強すればするほどに、次は頭が知識にばかり寄ってしまい、神を「感じる力」が衰えていく。

その「感じること」と「知ること」の、繊細なバランスを求められつづけ、終わりの見えないこの旅は、正直苦しい時もあった。

…しかし今思えば、それこそがその、繊細なバランスを取りつづけることがこの旅にもっとも必要なことだったように思う。
決して「感覚」だけに頼るのではなく、知識を疎(おろそ)かにせず、しかし知識に寄りすぎず、知識の上に乗せた感覚を研ぎ澄ませる。

それこそが本当の意味で、神を「感じる」ということなのだろう。

それを僕は、この「瀬織津姫を巡る旅」で学ぶことができた。
これこそが、この旅を通して自分自身が成長していくことこそが、旅の一番の醍醐味(だいごみ)のように思う。

この半年間の旅を通して、たくさん成長をさせてもらえたことに、感謝の気持ちとともに深く手を合わせ、再び瀬織津姫の待つ、早池峰山山頂を見上げる。

…あそこに「瀬織津姫」が待っている。

はやる気持ちはあるけれど、冬の早池峰山は、日帰りで登頂できるものではなく、山小屋で僕は立ち止まることとなった。

…その日の夜、満天の星空が広がるなか、僕は夢を見た。

この世の美しさのすべてを体現するかのような、輝く女神が星空を彩りながら現れて、僕に語りかける。

「…ここまで来てくれて…ありがとう…」と。

僕は答える。

「…僕はあなたさまに…、なにをすることができますか…？」と。

女神は答える。

「…もし…叶(かな)うならば…、…会いたい…。…あの御方に…」

僕は答える。

…わかりました…。…必ず…と。

…そして、目が覚めた。

晴れ渡る空の下、早池峰山山頂に向けて、再びの歩みが始まる。

…「瀬織津姫と交わした約束」と、例えようのない緊張感を胸に、僕の人生に新たな1ページが刻まれる。

いよいよ「瀬織津姫」が現れる。

□■□■□

今回登場した神社の紹介

桜松神社

所在地：岩手県八幡平市高畑

交通アクセス：荒屋新町駅からタクシーで10分

□■□■□

第33話　時代を超えて愛されつづける女神

「旅の終わり」。

いよいよこの時がやってきた。

「伝説の女神」瀬織津姫の待つ、早池峰神社奥宮へと僕らは足を向ける。

足を深い雪に沈めながら、日常では考えられないぐらいの重たい足取りで、１歩１歩前へと足を進める。

長く苦しい、この早池峰山の道のりも、しかしこれまで瀬織津姫が歩んできた長い受難の歴史を思うと、比べものになるほどのものではなく、この最後の試練の道のりを経験し克服することこそが、「謎多き女神」瀬織津姫に対する「正しい理解」の最後の関門のような気がした。

あ　はぁ、はぁ…あと１歩、あと１歩…
呪文のように言葉を繰り返し、自分自身を鼓舞しながら、時折瀬織津姫の鎮まる、冬の早池峰山の景色に心を奪われ…。

そうして自分との闘いがつづくなか、総合計12時間以上という道のりを越えると、そこに…？

あ　…こ、ここが…？　奥宮…？

幻想的な景色とともに、「早池峰神社奥宮」がその姿を深い雪に包まれながら現した。

あ　…す、すごすぎる…

水の女神、滝の女神、桜の女神…。

この世の美しさを体現するかのような、女神が最後に選んだその場所は、「伝説の女神が住む世界」としてあまりにふさわしすぎる光景だった。

…これでもう…この旅が終わる…。…しかし、不思議と涙は流れてこなかった。

それよりも今は使命感のほうが大きく、なにより瀬織津姫と交わした約束を、僕は守らなければいけない。
そうしてあらためて深い雪で閉ざされた、「早池峰神社奥宮」の前に立ち、参拝。

長い人の歴史に翻弄された、「伝説の女神」瀬織津姫へと思いを馳せる。

…しかし…。

…瀬織津姫は姿を現さない…

あ　え…？　ど、どうして…？

…予想外の出来事に、頭のなかが一気に混乱しはじめる。
「なぜ？　どうして？」、そんな思いが脳裏を目まぐるしく駆け巡った。

あ　…こ、ここまで、来たのに…？

突如として、この旅を始めた時からの記憶が、まるで走馬灯のように甦(よみがえ)った。

…どこかで僕は瀬織津姫に対する、重大な認識違いをしてしまっているのかもしれない。

…しかし、遠野の伊豆神社で瀬織津姫の化身である、「おないさん」にお会いした時は、そんなことはなかった…。

おないさんは、僕にいってくれた。「瀬織津姫さまも心待ちにしています」と…。

…では、なぜ？　今の僕になにが足りない…？

…これまでの半年間の道のりがすべて、ここで台無しになってしまうかもしれないという恐怖が、黒雲のように心を覆いはじめ、頭を抱えそうになったその時だった…。
天から言葉が聞こえてくるように、フッと疑問が湧いてきた。

「瀬織津姫は不幸な神なのか？」と。

あ　え…？

「瀬織津姫は不幸な神なのか？」

一度出たその疑問が、苦しみで埋まりかけた心を祓い、次第に僕の心を覆い尽くした。

この早池峰山に入るまで、僕は瀬織津姫が歩んできた役行者さん、おないさんはじめ、多くの人々が瀬織津姫を守るためにつないできた歴史の裏側に感動すら覚えていた。

…しかし同時に僕は、かつて全国７割以上の神社で祀られていたというほどの絶大な力を持っていた瀬織津姫が、人の歴史の都合によって、そんな歴史の裏側を歩まざるを得なかったこと、それを何度か「受難」の歴史と呼んでいた。

そして実際に早池峰山に入ってからも、山頂までの長く苦しい道のりを乗り越え、経験することが、「辛い歴史を歩んできた」瀬織津姫に対する「正しい理解」の最後の関門だと思っていた。

…その認識が、間違ってしまっているのかもしれない。

かわいそうか、かわいそうでないか。受難か、受難でないか。

そんなことは決して僕が判断することではなく、そんなフィルターが時を経て積み重なるからこそ、人も神も真実の姿が見えなくなってくる。

本来僕らがしなければいけないことは、「あるべきものをあるべき形で知り、ただ伝えること」。そこに「かわいそうか、かわいそうでないか」「受難か、受難でないか」、そんな主観という僕の勝手なフィルターを掛けて、誰かに伝えるようなことはしてはいけない。

そこからなにを知り、どう判断していくかは、それぞれが決めること。

それが、それぞれが「自分軸で生きる」ということだから。

…そう思えたその瞬間に、ざわついていた心が落ち着きを取り戻した。

今ならいける。

…そう思い、再び瀬織津姫が鎮まる奥宮を見る。

…そして…。

美しく輝く早池峰山の山頂に、「伝説の女神」瀬織津姫がその姿を現した。

瀬織津姫　…ようこそ…、ここまで…おいでくださいました…

あ　うっ、うっ…

…「瀬織津姫」。

最高神天照大神にも勝るとも劣らないご神威を誇る…伝説を歩んできた女神…。

…いや…すべてを包み込んでくれる、アマテラスさんの持つ「太陽」のご神威とは、まったく質が違う…。

まるで自分自身の持つこれまでの過去をすべて洗い流し、赤ん坊のころのように純粋で、まっすぐな心を思い出させてくれる、優しく、やわらかく、清らかな「水」のご神威…。

「瀬織津姫の謎を解く…」、「その封印を解く…」。

この女神を前にするとそんな言葉すらもおこがましく思えてきて、僕は自然と頭を下げた。

そんな僕に瀬織津姫はゆっくりほほ笑みかけ、清水のように美しく澄み切った声で語りかける。

瀬織津姫　…この旅の一部始終…、ずっとずっと見ていました…。悩み迷いながらも、今日に至るまで歩まれてきたこと…。…その歩みが…、私は…うれしい…。こんなに愛して…いただけて…、…私…以上に…幸せな存在が…いるので…しょうか…

…言葉の途中から…、…瀬織津姫は泣いていた…。

…まるで穢れを知らない少女のように、ゆっくりと両手で顔を覆って泣いていた。

あ　…どうして…涙を…？

瀬織津姫　…永い、永い、歴史の流れのなかで、たくさんのことがありました…。時に、祭神変更に頑強に抵抗し、私のために命を落とした方…。私を匿(かくま)い、表に見えぬ形で守ってくださった方々…。そうして今この現代でも…私を愛し…、求めてくださる皆様の愛がうれしくて…、愛(いと)おしくて…

あ　…うっ…うっ…

…これが神と心を通わせるということなのだろうか…。

瀬織津姫が実際に感じているのであろう、これまでの人々への愛と感謝が、水の流れのように清らかに僕の心に流れ込んできて、僕も溢れる涙が止まらなくなっていった…。

瀬織津姫　…誤解をなさらないでください…。私は決して「伝説の女神」などという、大それたものではございません…。ただもし…その言葉が私に許されるならば…、私をそうさせてくださったのは…、皆さんからのこうした「愛」の積み重ね…なのです…。神の神威は、人の愛によってこそ育まれます…。私は時代を超えた多くの人々の愛によって生まれ、人々の愛によって育まれてきた存在なのです…

あ　うっ、うっ…

瀬織津姫　…だからこそ、私をむやみに神聖化なさらないでください…。いつまでも私は、あなたたち人とともにあります…。あなたたち人が…私を育んでくれたのです…。永い歴史をこれからも…、ともに歩んで参りましょう…。お互いに支え合いながら…。いつまでもお互いに愛し合いながら…

…そういうと、瀬織津姫は花のような、優しく愛らしい笑顔をパッと咲かせて、これまで自身を愛し守ってくれた、すべての人々に届けるようにいった。

瀬織津姫　…ありがとう…。私は…あなたたち人間が大好きです…

…瀬織津姫のその言葉とともに、少しだけ雲がかかっていた空が大きく晴れ渡り、太陽が「日本でもっとも早く日が昇る地」、早池峰山頂を照らしだした。

ここに「瀬織津姫」という神に僕が抱いていた、すべての謎が終わりを告げた。

人の歴史の影に翻弄されたと思っていた女神は、その結果として、数千年という時を超えて、多くの人々に守られ、愛される「伝説の女神」となった。

時に姿形を変えながら…。

時に名前すらも変えながら…。

「瀬織津姫」という女神は、永い時代を人とともに歩んできた。

…しかしもしかしたら、その無限に形を変えて歩んできたその歩みすらも、「水」という無限に形を変えて存在する、瀬織津姫が持つご神威がなせる業だったのかもしれない。

…それが真実かどうかは人間である僕にはわからないけど、ひとつだけいえることは、「瀬織津姫」という女神は、今も現在進行形で人々に愛され、そのご神威を高めつづけている女神であるということ。

愛すれば愛するほどに、そのご神威は高まり、思えば思うほどに、美しきこの女神は輝きを増していく。

奇跡的な人の歴史の積み重ねが育んだこの女神は、今も自身を育んでくれた人に、感謝の気持ちを持っている。

そしてこれからも、人とともに歩む未来を夢見ている。

役行者さんやおないさんはじめ、先人たちが守り、育んできた「瀬織津姫」という女神を、僕らもまた大切に守り、受け継いでいくために。

過度な神聖化はせず、あるべきものをあるべき形で知り、そのなかでそれぞれがそれぞれの判断のなかで、先人たちがつないでくれたバトンをしっかり受け継いで、僕らもまたこの「時空を超えて愛された女神」を愛し、その輝きを大切に、大切に育んでいこう。

…そして長きにわたる「瀬織津姫を巡る旅」が終わりを告げ、次は僕が瀬織津姫との約束を果たすとき…。

僕が身につけていた、隕石のネックレスが持統天皇の魂を解放した時と同じように、燃え上がるような熱をもった。

いよいよ瀬織津姫さんとニギハヤヒさんが再会を果たす…。

…その時だった…。

あ　………なんやねん

ス　「なんやねん」とはなんじゃ!!　お前。俺、俺、俺のこと忘れてるやろ!!

あ　…なんですの、一体…。これでニギハヤヒさんが登場したら、これ以上ないほど奇麗に終われそうやったのに…

ス　このドアホが!!　お前には読者の皆さんに対する気づかいがないのか!!　お前にはDIY精神が足りん

あ　家具づくりか。なんで「DIY（Do it yourself）精神」やねん。「ホスピタリティ（思いやり）精神」やろがぃ

ス　うるさいっ!!　そもそもや!!　ここで瀬織津姫とニギハヤヒが、再会してもうたらどないなんねん!!「これを見て瀬織津姫とニギハヤヒの二柱の神に会いたくなった人は、早池峰山頂へ」ってか!?　じゃあ足の悪い人はどうなる？　お年を召した方はどうなる??

あ　いや、そりゃ確かにここまで来るのは、大変やけども（笑）　じゃあ、どうすんのよ（笑）

ス　瀬織津姫とニギハヤヒの再会には、とっておきの場所があるやろがぃ。「あそこ」や

あ　…「あそこ」…？って、あぁ！　あそこか!!

ス　おぅ、お前も多くの方々に支えてもらって、この瀬織津姫を巡る旅を終えてんから。最後ぐらい、これを見てくれている皆さんに恩返しをせぃ。瀬織津姫とニギハヤヒの再会は、皆さんが会いに行ける、しかるべき場所でやれ。「会いに行けるアイドル」ならぬ、「会いに行ける瀬織津姫とニギハヤヒ」や

あ　表現が軽い。…すいません…瀬織津姫さん、大丈夫ですか…？

瀬織津姫　…フフッ…。私は構いませんよ…

…瀬織津姫がみんなの愛によって育まれた神であるならば、これを読んでくれている皆さんも、瀬織津姫さんとニギハヤヒさんに「愛を届けることができる」ように、その地を伝えることがこの旅に於ける、僕らの最後の役割らしい。

先人たちがつないでくれた「瀬織津姫」という名の女神のバトンを、僕もしっかりと受け継いで、そして皆さんにつないでいく。

そして、「瀬織津姫」という女神は永遠に、色あせることなくその輝きを増していく。
僕のなかで、皆さんのなかで。これからも時代を超えて、永遠に、輝きつづけていく。

□■□■□

今回登場した早池峰山の紹介

所在地：岩手県花巻市大迫町内川目
交通アクセス：新花巻駅からバスで90分（期間限定 早池峰登山バス河原の坊行き　河原の坊下車)、花巻ICから車で90分。登山時間は季節によって変動。
※詳細はホームページをご確認ください。
https://www.city.hanamaki.iwate.jp/shisetsu/801/804/p004010.html

□■□■□

最終回　瀬織津姫とニギハヤヒ

「再会の時」。

『スサノオと行く瀬織津姫、謎解きの旅』も、すべての行程を終え、最後に残された約束を果たし、すべての幕を閉じることとなる。

時代の流れで引き裂かれた、瀬織津姫とニギハヤヒという二柱の神の魂を、再び引き合わせる。

…今日に至るまで、本当にたくさんのことがあった。

瀬織津姫とニギハヤヒという存在は、あまりに謎が深く、旅のはじめは手探りで、1歩ずつ、1歩ずつ、歩みを進めていくしかなかった。

そんな僕であったにも関わらず、神さまたちはいつでも見守ってくれていた。

決して答えにつながることを、直接教えてくれることはなかったけれど、ひとつひとつの言葉の断片やつないでくれたご縁が、次につながる手がかりになり、そのなかで僕自身が学び成長することで、次の展開、次の展開へと、足を進めていくことができた。

…今だから思うこと。

それはやはり、神さまはいつでも、そばにいてくれているということ。

まるで友達のように、家族のように、大切な仲間のように。

僕らが歩もうとするどんな未来でさえも、形にするためにいつでも必要な情報を与え、必要なご縁を準備して、優しくソッと力を貸してくれる。

その神さまのサポートは奥ゆかしすぎて、時に気づきにくいこともあるけれど、自分たちが動いていくことで、自分たちが学び成長していくことで、段階を上げるように、奇跡的な展開を必ず用意してくれる。

今日まで歩んでこれたすべての道のりに、すべてのご縁に感謝して、僕らは瀬織津姫とニギハヤヒの「再会の地」として選んだ兵庫県はたつの市にある、「井関三神社」に到着した。

なぜ僕らがここを、瀬織津姫とニギハヤヒの「再会の地」と

して選んだのか？

この「井関三神社」のかつての名称は、「天照神社」。

その主祭神は、「ニギハヤヒ（天照国照彦火明櫛玉饒速日命）」。

そして相祭神に名を連ねるのが、「瀬織津姫（瀬織津比咩命）」。

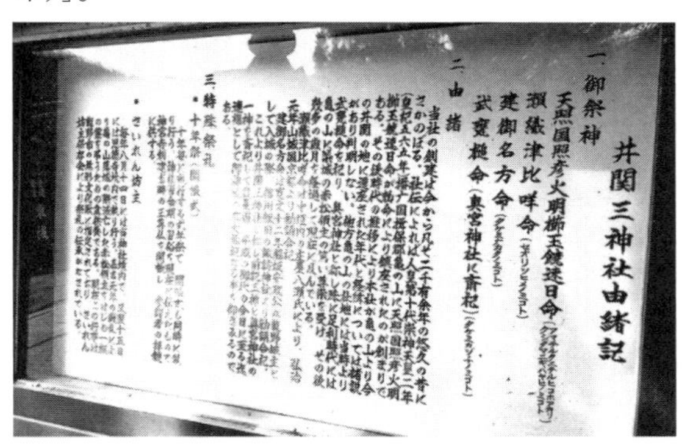

そう。ここ「井関三神社」は日本で唯一、ニギハヤヒと瀬織津姫を一緒に祀っている神社なのである。
（※さらに古事記のなかでの宿敵同士であるタケミカヅチとタケミナカタも、一緒に祀っている）

ここの井関三神社の奥宮が鎮座する亀山（きのやま）には、瀬織津姫を象徴する清流が流れる場所があり、その奥宮には、ニギハヤヒの象徴、「隕石」を思わせる磐座（いわくら）が鎮座している。

またこの神社は、特定の誰かが管理している神社ではなく、この近辺の村人たちの寄り合いによって大切に守られつづけた神社である。

そのことがまた多くの民衆の手によって、歴史の影から大切に守られつづけてきた「瀬織津姫の物語」を象徴しているようで、長きにわたる時を超えて、引き裂かれた二柱の神が再会を果たすには、これ以上の場所はないように思えた。

本殿を前にすると、この旅のこれまでの思い出が甦ってきて、

自然と涙が僕の頬をつたっていった。

…幸せな旅だった。
本当に幸せな旅だった。

人と神の世界が交錯する時空を超えた旅も、いよいよ終わりを告げる時。

そうして僕は、早池峰山に流れる滝の水を入れた瓶にニギハヤヒさんの魂が入った隕石のネックレスをかけて、二柱の神の再会を祝した花束とともに、本殿に供えた。

そこに…？
…。
……。
………。
…………。
辺り一面を照らし出すほどの、まばゆい光を放ちながら、瀬織津姫とニギハヤヒ。

伝説の二柱の神が今、再会を果たした。

瀬織津姫　…あなた……あなた……。…会いたかった…
ニギハヤヒ　長く…待たせた…
あ＆ス　…グスンッ…
ニギハヤヒ　…これからはずっと…。…ずっと一緒だ…。もう…離さない…

「瀬織津姫とニギハヤヒ」。

歴史の闇に引き裂かれた二柱の神の伝説が今終わり、そして新たなる伝説の物語が、今始まった。

しかし次に始まる、この二柱の神の物語は決して、悲しい物語ではなく、再び巡り会えた二柱の男女の神が織り成す、「永遠の愛の物語」。

たくさんの幸せとともに、たくさんの喜びとともに古代の時から今もつづく、多くの人々からの愛と祝福を受けて、二柱の神は「永遠」にともに生きていく。

…ふと、桜の花が満開に咲いた情景が鮮明に見えた。

□■□■□

最後に登場した神社の紹介

井関三神社

所在地：兵庫県たつの市揖西町中垣内甲 799-1

交通アクセス：本竜野駅下車 タクシーで約 10 分

□■□■□

荒川祐二（あらかわゆうじ）
1986年3月25日生まれ
上智大学経済学部経営学科卒
作家・小説家として、これまでにさまざまなジャンルの本を上梓。
2017年3月から、『ていうか、神さまってなに？』というタイトルで始めたブログでは、『スサノオが家に棲みつきまして』という人気コンテンツを生み出し、わずか半年で1日最高5万アクセス、月間アクセス100万を突破する人気ブログとなる。
本作はそのブログの中の、『スサノオと瀬織津姫を巡る旅』を基にしている。
これまでの主な著書に『神訳　古事記』（光文社）、『神さまと友達になる旅』（VOICE）、『半ケツとゴミ拾い』（地湧社）を始め、10冊。

荒川祐二オフィシャルブログ『ていうか、神さまってなに？』
https：//ameblo.jp/yuji-arakawa/

主な参考文献
・エミシの国の女神―早池峰―遠野郷の母神＝瀬織津姫の物語
（2000年11月 風琳堂）
・ニギハヤヒ ---『先代旧事本紀』から探る物部氏の祖神
（2011年11月河出書房新社）

Special Thanks
あやか様、江島直子様、大谷部真帆様、小田中智様、加島和美様、
海部舞様、菊田信子様、岸田真紀様、相良智恵子様、徳田博丸様、
平野実来様、伏谷瞳様、伏谷茂雄様、ほんだかおり様、山本時嗣様、
渡辺眞佐江様、MACO様（50音順）

いつも応援して下さる皆様、

そして、

最愛の家族、両親へ。

※スサノオさんのイラストは宮崎県がWeb上で提供する『ひむか神話街道 第5話』より、著作権者の許可のもと、参考に描いたものを使用させて頂いております。

スサノオと行く
瀬織津姫、謎解きの旅

2018年8月6日　初版1刷発行

著　　者　荒川祐二

発 行 者　大森浩司

発 行 所　株式会社 ヴォイス 出版事業部
〒105-0031 東京都港区西麻布3-24-17 広瀬ビル
0120-05-7770（通販専用フリーダイヤル）
☎ 03-5474-5777（代表）
☎ 03-3408-7473（編集）
FAX 03-5411-1939
www.voice-inc.co.jp

印刷・製本　株式会社光邦

ISBN978-4-89976-480-9　C0011